Carl Zuckmayer

Der Hauptmann von Köpenick

Von
Hartmut Scheible

W0083100

Philipp Reclam jun. Stuttgart

Universal-Bibliothek Nr. 8138
Alle Rechte vorbehalten
© 1977 Philipp Reclam jun. GmbH & Co., Stuttgart
Bibliographisch ergänzte Ausgabe 2000
Gesamtherstellung: Reclam, Ditzingen. Printed in Germany 2004
RECLAM und UNIVERSAL-BIBLIOTHEK sind eingetragene Marken
der Philipp Reclam jun. GmbH & Co., Stuttgart
ISBN 3-15-008138-6

www.reclam.de

I. Wort- und Sacherklärungen

Erster Akt. Erste Szene

Potsdam: Garnisonstadt in der Nähe Berlins, seit 1660 kur-
fürstl. Residenz. Im 18. Jh. starke wirtschaftliche und
architektonische Entfaltung, begünstigt durch die Nieder-
lassung verfolgter frz. Hugenotten (Gewährung von
Glaubensfreiheit und wirtschaftlichen Privilegien durch
das Edikt von Potsdam, 8. 11. 1685). Standort des Som-
merschlosses ›Sanssouci‹ des preuß. Königs Friedrich II.
(errichtet 1745–47 durch Georg Wenzeslaus von Knobelsdorff).

Queue: frz., Schwanz; Ende einer milit. Abteilung (Gegensatz: Tête). Auch Bezeichnung für den Spielstock des
Billard (vgl. I, 3: *Zum Billard-Klub »Bonne Queue«*,
etwa: ›Zum glücklichen Billardstock‹).

Gardekompanie: frz. garde, ›Wache‹, Elitetruppe, mit bes.
Uniformen, zuständig für den Wach- und Ehrendienst in
den Residenzstädten. Die Mindestgröße für den Garde-
dienst (›Gardemaß‹) betrug in Preußen 1,70 m.

Hoflieferant: Firmen, die Angehörige des Hofes belieferten,
führten die Bezeichnung ›Hoflieferant‹ als bes. Emp-
fehlung.

Epauletten: frz., Schulterstücke der Uniform mit den Rangabzeichen der Offiziere.

Feldbinden: Schärpen, Bestandteil der Offiziersuniform seit
dem 17. Jh.

*eine Aufnahme des Herrn Wormser in studentischer Cou-
leur:* Die farbentragenden (frz. couleur, ›Farbe‹) studentischen Verbindungen traten häufig durch eine betont
nationalistische Haltung hervor; daher wurden nicht selten Juden Mitglieder, die die Abwendung von ihrer Herkunft und ihre ›untadelige‹ nationale Gesinnung sichtbar
unter Beweis stellen wollten.

Buxen: ndd. für ›Hosen‹ (zusammengezogen aus *buck-
hose, Hose aus Bocksfell).

ich kann mir ... Uniform leisten: Die Besoldung der jün-
geren Offiziere (bis zum etwa 35jährigen Hauptmann
1. Klasse) reichte in der Regel nicht aus, das geforderte
›standesgemäße‹ Leben zu führen; eigenes Vermögen

(etwa Grund- oder Unternehmensbesitz des Vaters)
waren daher Voraussetzung für eine Karriere als Offizier. Die Söhne kleiner Beamter, von Handwerkern, mittleren und kleinen Gewerbetreibenden waren vom Offi-
zierskorps praktisch ausgeschlossen. Diese Bedingung be-
günstigte den ›Kastengeist‹ der Militärs.

Kasten: Arrestzelle.

Finger lang, und Luftklappe jeschlossen: parodistische Beschreibung der ›Habt acht‹-Stellung des Soldaten mit
den ›Händen an der Hosennaht‹; der Soldat durfte nur
nach Aufforderung und zur Wiederholung eines Befehls
reden.

Pojazz: Bajazzo, von ital. pagliaccio (›Strohsack‹), der
Spaßmacher einer Artistentruppe. Er trägt ein weites
weißes Kostüm mit Spitzenhut und Halskrause.

haltense 'n Rand: halten Sie den Mund (sich in seinen
Grenzen halten).

Stechschritt: Paradeschritt (bei durchgedrückten Kniegelen-
ken) der preuß. Armee; von der ›Nationalen Volks-
armee‹ der DDR wieder eingeführt.

Der alte Fritz: volkstümliche Bezeichnung des preuß. Königs Friedrich II., 1712 (1740) – 1786, trotz seiner eher
menschenverachtenden Einstellung Gegenstand zahlrei-
cher volkstümlicher Anekdoten.

der kategorische Imperativ: Mit der Forderung »Handle so,
daß die Maxime deines Willens jederzeit zugleich als
Prinzip einer allgemeinen Gesetzgebung gelten könne«
(»Kritik der praktischen Vernunft«, 1788, § 7) versuchte
der Philosoph Immanuel Kant (1724–1804), die prinzipielle Gleichheit aller Menschen auszudrücken. Katego-
risch heißt der Imperativ deshalb, weil die Menschen-
rechte, die ihn legitimieren, ausnahmslose Geltung fordern. Der ›hypothetische‹ Imperativ könnte dagegen nur
bedingte Geltung beanspruchen.

Untern Linden: Unter den Linden, Prachtstraße in Berlin,
führt vom Lustgarten (heute: Marx-Engels-Platz) zum
Brandenburger Tor.

Exerzierreglement: Ausbildungsvorschrift, mit genauester
Beschreibung aller für den Soldaten wesentlichen Vorschriften, Kenntnisse und Fertigkeiten.

Jovial: leutselig, herablassend; abgeleitet von Jupiter (Genitiv Jovis), der in der Rangordnung der antiken Götter an oberster Stelle steht.

die geflochtenen Achselstücke: Rangabzeichen vom Major aufwärts.

Montur: Uniform.

Zweite Szene

Pickelhauben: Helme mit Metallspitze, 1842 in der preuß. Armee eingeführt, auch Bestandteil der Polizeiuniform. Als Symbol des ›Obrigkeitsstaates‹ berüchtigt.

das Potsdamer Glockenspiel: Der Melodie aus Mozarts Oper »Die Zauberflöte« (1791, Text: Emanuel Schikaneder) wurden die Verse von Ludwig Hölty (1748–76) untergelegt: »Üb immer Treu und Redlichkeit / Bis an dein kühles Grab / Und weiche keinen Fingerbreit / Von Gottes Wegen ab.« In der Oper singt Papageno: »Ein Mädchen oder Weibchen / Wünscht Papageno sich / Ja so ein sanftes Täubchen / Wär' Seligkeit für mich.«

Portepee: von frz. porter, ›tragen‹, und épée, ›Degen‹; silbergestickter Lederriemen mit geschlossener versilberter Quaste, in Deutschland bis 1945 Abzeichen der Offiziere und Feldwebel (Wachtmeister); redensartlich: Symbol der Ehre eines Menschen (›jmd. am Portepee packen‹).

inkrimmenieren: richtig ›inkriminieren‹, beschuldigen, anklagen. Voigt will sagen, daß er von Amtsgeheimnissen nichts wissen will.

Klein-Pinchow: Der historische Wilhelm Voigt wurde am 13. Februar 1849 nicht in der Nähe Berlins, sondern in Tilsit (Ostpreußen) geboren. Die Änderung dürfte von Zuckmayer aus Gründen des Dialekts vorgenommen worden sein.

Wuhlheide: Waldgebiet im Südosten von Berlin.

Polizeiaufsicht: Polizeiaufsicht konnte als vorbeugende Maßnahme gegen als Gewohnheitsverbrecher eingestufte Angeklagte zusätzlich zur Freiheitsstrafe angeordnet werden. Die Polizei wurde hierdurch ermächtigt, dem Verurteilten den Aufenthalt an bestimmten Orten zu verbieten (Ausweisung) und Haussuchungen ohne die sonst geltenden zeitlichen Beschränkungen durchzuführen.

Strafanstalt Plötzensee: genannt ›die Plötze‹. Der Plötzensee liegt im Berliner Bezirk Wedding, die nach ihm benannte Strafanstalt gehört heute zum (West-)Berliner Bezirk Charlottenburg.

Meedchen ... aus de Hotelkichenbrangsche: Der junge Wilhelm Voigt war zeitweilig mit einer Kellnerin befreundet. In Wilhelm Schäfers Roman »Der Hauptmann von Köpenick« ist diese Episode eindringlich gestaltet. Vgl. Kap. VI, »Tegelort«.

Alex: Am Alexanderplatz befand sich das Berliner Polizeipräsidium.

Konstitution: Beschaffenheit, körperliche Verfassung; auch Bezeichnung für ›Verfassung‹ im Sinne von ›Grundgesetz‹.

Jift druff nehmen: Gift darauf nehmen, Formel zur Beteuerung eines bestimmten Sachverhalts (möglicherweise in Anklang an das mittelalterliche Gottesurteil: man ging davon aus, daß ein zu Unrecht Beschuldigter ohne Schaden Gift zu sich nehmen könnte, weil er durch unmittelbares Eingreifen Gottes vor Schaden bewahrt wurde).

jebrannt: Im Mittelalter wurden Verbrecher häufig durch Brandzeichen für immer kenntlich gemacht. Wahrscheinlich verbindet sich in Voigts Worten die Erinnerung an diese Strafe mit der Redewendung vom ›gebrannten Kind‹, das das Feuer scheue.

Dritte Szene

Café National: Stammlokal der »besseren Halbwelt« (Zuckmayer), vgl. Kap. II.

Portierentür: Tür mit einer Art Windfang aus schweren Vorhängen.

lackeln: herumlümmeln, herumstehen.

Wannsee: eine Bucht der Havel, Erholungsgebiet im Südwesten von Berlin.

Zoo: hier Kurzform für Bahnhof Zoologischer Garten.

Moabit: Stadtteil im Bezirk Tiergarten, Berlin. Häufig zur Bezeichnung des dort befindlichen Kriminalgerichts.

Kanapee: frz. canapé, Sofa.

Schmußlappen: Schwätzer, Schöntuer. Schmus, schmusen, aus hebr. šĕmū'ōth, ›Erzählungen, Neuigkeiten‹.

Zischorje: Zichorie, eine Rübenart, aus deren Wurzel Kaffee-Ersatz hergestellt wurde (bes. seit der Kontinentalsperre durch Napoleon, seit 1806).

Schrippe: Brötchen.

Passasche: Passage, Durchgang. In engerem Sinne: Laden-
straße, die durch einen Gebäudekomplex führt. Passagen
(die es bereits im Altertum gab) waren bes. in der groß-
städtischen Architektur des 19. Jh.s beliebt; der Philosoph Walter Benjamin (1892–1940) sah in den Passagen
von Paris das Sinnbild der modernen Kommerz- und
Massengesellschaft.

Kies: Bezeichnung für ›Geld‹ in der Gaunersprache.

de letzten Morikaner: James Fenimore Cooper (1789–1863)
veröffentlichte 1823–41 seine »Lederstrumpfgeschichten«,
in denen das naturnahe Leben der Indianer und der ersten
Kolonisten idealisierend beschrieben wird; 1826 erschien
»The Last of the Mohicans«, dt. »Der letzte Mohika-
ner«, hier zu *Morikaner* umgebildet.

schnieke: berlinisch für ›in Ordnung, hübsch‹.

des Kaisers Rock: Uniform.

forn blauen Lappen: für hundert Mark.

Klimbim: hier: Mütze, Stiefel, Säbel usw.

Lohjerber: Mittels der Lohe, eines Suds aus gerbstoffreichen
Rinden- und anderen Pflanzenteilen, bearbeitet der Ger-
ber rohe Tierhäute, um Leder aus ihnen herzustellen.

Pollacken: Polen (abwertend).

Kammer: Kleiderkammer, Ausgabestelle der Uniformteile.

Posen: poln. Poznań, Stadt im Grenzbereich zwischen
Deutschland und Polen, seit 1918 zu Polen gehörig.

Pikkolo: ital. piccolo, ›klein‹, Kellnerlehrling.

Karambolage: Berühren von zwei oder mehr Bällen mit
dem roten Spielball (Karambole).

Effet: frz., Wirkung. Beim Effet wird der Ball seitlich ge-
stoßen, so daß er ein zusätzliches Drehmoment bekommt.

Allasch: Kümmellikör.

Assistent im Frauenkloster in der Charité: Assistenzarzt in
der Frauenabteilung der Universitätsklinik Charité (frz.,
aus lat. caritas, ›Mitleid, Barmherzigkeit‹; urspr. Bezeichnung der Hospitäler, in denen die ärmste Bevölkerung
kostenlos behandelt wurde).

Staatsbürjerkluft: Zivilkleidung.

Mostrich: Senf.

Bongkö: Bonne Queue.

für Militär verboten: Es gab strenge Vorschriften darüber,

wie sich ein Offizier in der Öffentlichkeit zu verhalten
habe; vgl. Kap. VIII.

Siebenjährigen Krieg: 1756–63. Krieg Preußens gegen Öster-
reich um den Besitz von Schlesien, der mit Preußens Sieg
dessen europäische Großmachtstellung begründete.

Linieninfantrist: Die Linienregimenter gehörten nicht zur
Garde.

aufm Kasten: Gemeint ist der Kopf (vgl. ›Hirnkasten‹),
sinngemäß: man ist aufmerksam, vorsichtig.

bunten Rock: Uniform.

voluminös: umfangreich, dick.

degoutiert: frz. dégoûté, ›angewidert, abgestoßen‹.

Plörösenmieze: Pleureusen: lange Straußenfedern, um die
Jahrhundertwende als Hutschmuck beliebt. Mieze: Marie.
(Vgl. Kap. II.)

Erbkomtesse: Komtesse: Titel einer unverheirateten Gräfin.

Wir Deutschen machen's uns immer so schwer: »Erinnert
sei an die berühmteste Formel des deutschen kollektiven
Narzißmus, die Wagnersche: deutsch sein heißt, eine
Sache um ihrer selbst willen tun. Unleugbar die Selbst-
gerechtigkeit des Satzes, auch der imperialistische Ober-
ton, der den reinen Willen der Deutschen dem vorgeblichen Krämergeist zumal der Angelsachsen kontrastiert.
Richtig jedoch bleibt, daß das Tauschverhältnis, die Aus-
breitung des Warencharakters über alle Sphären, auch die
des Geistes – das, was man populär mit Kommerzialisie-
rung bezeichnet –, im späteren achtzehnten und im neunzehnten Jahrhundert in Deutschland nicht so weit gedie-
hen war wie in den kapitalistisch fortgeschritteneren
Ländern. Das verlieh zumindest der geistigen Produktion
einige Resistenzkraft. Sie verstand sich als ein An sich,
nicht nur als ein Für anderes und Für andere Sein, nicht
als Tauschobjekt. Ihr Modell war nicht der nach den
Marktgesetzen handelnde Unternehmer, sondern eher der
seine Pflicht gegenüber der Obrigkeit erfüllende Beamte;
an Kant ist das häufig hervorgehoben worden. In der
Lehre Fichtes von der Tathandlung als Selbstzweck hat
es seinen konsequentesten theoretischen Ausdruck gefunden« (Theodor W. Adorno: Auf die Frage: Was ist
deutsch. In: Th. W. A., Stichworte. Kritische Modelle 2.
Frankfurt a. M.: Suhrkamp 1969. S. 104).

Kadettenkorps: Das preuß. Kadettenkorps, ein milit. Internat, wurde 1716 von Friedrich Wilhelm I. gegründet. Nach dem Abitur konnten die Zöglinge sogleich als Offiziere in die Armee eintreten.

Bauchhöhlenschwangerschaft: Zu einer Bauchhöhlenschwangerschaft kommt es, wenn ein befruchtetes Ei, etwa durch Entzündung des Eileiters, daran gehindert wird, sich in der Gebärmutter festzusetzen. In der Folge kann es zu lebensgefährlichen Blutungen in der Bauchhöhle kommen, die eine sofortige Operation notwendig machen.

Zwanzigpfundmyom: Myom: gutartige Geschwulst, häufig in der Gebärmutterwand. Es kann beträchtliche Größe erreichen.

Griffekloppen: Gewehrübungen beim Exerzieren.

Morjenstund ... im Munde: Verdrehung der beiden Sprichwörter ›Morgenstund' hat Gold im Mund‹ und ›Müßiggang ist aller Laster Anfang‹.

un de zweite folcht sogleich: Anspielung auf die wiederkehrenden Schlußverse zu den einzelnen Streichen in Wilhelm Buschs (1832–1908) »Max und Moritz« (1865).

Molle: vollschlanke, mollige Frau.

Dieset kleene Aas ... Spaß!: »von Straßenhändlern zur Anpreisung von mechanischem Spielzeug verwendeter Spruch. Von Kalle als sexuelle Anspielung gebraucht« (Mews).

Handarbeitskränzchen wohltätiger Damen: Frauen aus begüterten Gesellschaftsschichten widmeten sich mit Vorliebe ›wohltätigen‹ Arbeiten, deren Erlös den Bedürftigen zukommen sollte. Neben der Leitung des Dienstpersonals war dies nahezu die einzige Tätigkeit, die für großbürgerliche und adlige Damen als standesgemäß angesehen wurde.

Zavalier: Kavalier.

mit deine ejiptischen Oogen: Anspielung auf Kalles gerötete *vakiehlte Knalloogen*. Ägyptische Augenkrankheit, das Trachom (lat. Bez. ›Granulose‹), bes. in Ägypten, Indien und China.

Karbolschnauze: Das Phenol (Carbolsäure, acidum carbolicum) wurde zur Desinfektion verwendet (seit 1867). Es kann jedoch auch zu Vergiftungen und Verätzungen führen. In diesem Sinn ›giftiges Mundwerk‹.

dann hat Reserve Ruh!: Lied, das wehrpflichtige Soldaten

bei ihrer Entlassung aus dem aktiven Dienst zu singen pflegen. Die Soldaten, die ihren Wehrdienst abgeleistet haben, bilden die Reserve.

Schützenschnur: Auszeichnung für überdurchschnittliche Leistungen bei Schießübungen.

ausjemickert: ausgemagert.

Jardedükör: Die Regimenter Garde du Corps (›Leibgarde‹) und Gensdarmes zählten zu den angesehensten Einheiten der preuß. Armee. Die eindrucksvollste ›Innenansicht‹ dieser renommierten Regimenter findet sich in Theodor Fontanes (1819–98) Roman »Schach von Wuthenow« (1883). – Die von Plörösenmieze gebrauchte Verballhornung dürfte gleichermaßen durch ›Likör‹ wie durch ›cœur‹ (frz., Herz) beeinflußt sein.

Marie: Geld.

Manoli linksrum: verrückt. Manoli: Berliner Zigarettenfabrik; man ahmte ihre eine kreisende Bewegung ständig wiederholende Lichtreklame nach, um jmd. als unzurechnungsfähig zu bezeichnen.

Kamuffel: dumme Person; Schimpfwort. Aus hebr. chaneph, ›Heuchler, Schmeichler‹, unter Einfluß von ›Kamel‹ umgestaltet.

Seitengewehr: eine Art Bajonett. Eine 40–50 cm lange Klinge, die urspr. (seit Mitte 17. Jh.) in den Gewehrlauf geschoben (Spund-Bajonett), später auf ihm befestigt wurde (Tüllen-Bajonett); dadurch wurde die Pike überflüssig.

retirierend: frz. se retirer, ›sich zurückziehen‹.

Charge: Dienstgrad. Die Rangabzeichen stehen stellvertretend für die gesamte Uniform (pars pro toto).

Vorwärts! Beide mit!: Einen Offizier in Uniform hätte der Polizist keinesfalls festnehmen dürfen. Vgl. Kap. VIII (Krafft).

Deez: Kopf; eingedeutscht aus frz. tête, mundartl. seit dem 18. Jh.

Vierte Szene

Axolotl: eine Molchart. Möglicherweise Anspielung auf die 1891 gegründete Schuhfabrik J. Sigle & Cie., die 1930, also zur Zeit der Entstehung des Stücks, den Firmennamen ›Salamander‹ annahm.

Matchiche: Machiche, Maxixe. Tanz brasilian. Herkunft,

um 1890 bis 1910 auch in Europa populär. Die Machiche
war die erste Übernahme eines kreol. bzw. nordamerik.
Negertanzes in Europa.

Tempelhof: Verwaltungsbezirk in Berlin. Der Name geht
vermutlich auf Gründungen des Templerordens (13. Jh.)
zurück.

Loiberregiment: Leibregiment.

Stammrollenauszug: Der Auszug aus der Stammrolle weist
den geleisteten Militärdienst nach.

Fünfte Szene

Nippes: Nippsachen, (meist wertloser) Zimmerschmuck
(kleine Porzellanfiguren u. ä.).

in Kommission übernehmen: im Auftrag verkaufen.

Kornklitsche: kleines Landgut.

Sechste Szene

Herberge zur Heimat: Name für Obdachlosenasyle.

Heilsarmee: wohltätige Vereinigung, gegr. 1865 durch Wil-
liam Booth. Ihre Organisation ist der des Militärs nachgebildet. Den Schwerpunkt ihrer Arbeit (Prinzip ›Seife-
Suppe-Seele‹) sieht sie in den Elendsvierteln der Großstädte.

Tiergarten: 2. Verwaltungsbezirk von Berlin. Hier: der
große öffentliche Park in diesem Stadtteil. Im 16. Jh.,
damals noch vor den Toren der Stadt gelegen, das ein-
gehegte Jagdrevier der Kurfürsten von Brandenburg.
1742 durch Knobelsdorff auf Veranlassung Friedrichs II.
in einen Park umgewandelt.

unziselierten: Ziselierungen sind fein gearbeitete Verzierun-
gen auf Metall- und Glasgegenständen. Hier für ›unzivi-
lisierten‹.

inkommodier: belästige.

Gfrett: süddt., Ärger, Plage.

Weddingmatrose: Wedding: Arbeiterviertel in Berlin.

Panke: Nebenfluß der Spree.

Polente: Gaunerspr., Polizei.

Jacke wie Hose: eins wie 's andre, das macht keinen Unterschied. Die Wendung ist schon im 17. Jh. belegt.

'n wahren Jakob: der richtige Mann, das einzig Richtige.

Die Redensart geht wahrscheinlich zurück auf den Apostel Jakobus, den Schutzpatron Spaniens, dessen Grab in Santiago de Compostela verehrt wurde. Die Wallfahrer haben wahrscheinlich auf Pilger zu anderen Heiligenstätten oder zu falschen Jakobsgräbern herabgesehen. Die Redensart verbreitete sich weiter, indem sich auch Jahrmarktsverkäufer ›wahrer‹ oder ›billiger Jakob‹ nannten.

Drilchhosen: Drillich: bes. dichtes, strapazierfähiges, dreifädiges Gewebe (Zwillich: zweifädig).

S-tintgräte: Stint: eine Familie der lachsartigen Fische.

suhm kwickwe: Suum cuique (Jedem das Seine), Devise des 1701 von Friedrich I. gestifteten Schwarzen Adler-Ordens. Als Wahlspruch Preußens steht er für die ständestaatliche Struktur.

wie ne jesengte Sau: von schlechter Qualität. Der Bezug auf ›sengen‹ im Sinne von ›an-, verbrennen‹ ist Volksetymologie. Zugrunde liegt vielmehr ›senken‹ = kastrieren.

Fettlebe: Leben im Überfluß, ›wie die Made im Speck‹.

Masseltopp: Massel, Glück; nhebr. masol, ›Stern, Schicksal‹; der Gegensatz ist Schlamassel (zusammengezogen aus ›schlimm‹ und ›masol‹).

Pinkepinke: Pinke, rotw. ›Geld‹. Die Verdoppelung wahrscheinlich dem Klang von Münzen nachgebildet.

ausbaldowert: ausgekundschaftet.

Musketier: mit einer Muskete (Gewehr) bewaffneter Fußsoldat.

Nulluwehr: Null ouvert; nach dem ersten Stich deckt der Spielmacher seine Karten auf; seine Punktzahl muß ›null‹ bleiben, d. h. er darf keinen Stich gewinnen.

Jrunewald: Grunewald, vornehme Wohngegend im Südwesten Berlins.

Scheibe: verhüllend für ›Scheiße‹, vgl. ›Scheibenhonig, Scheibenkleister‹.

Jäck: Verrückter, Narr.

Obersteiger: Steiger, ein Bergmann.

ne fiese Möpp: ein widerwärtiger Kerl.

in Effekt: richtig ›im Affekt‹, d. h. in einer heftigen Gemütsbewegung wie Zorn, Eifersucht. Die Tötung eines Menschen im Affekt wird als ›Totschlag‹ milder bestraft als Mord, der stets geplant ist und aus ›niedrigen Beweggründen‹ erfolgt.

'n Aas uff de Geije: ein Hauptkerl; berlinerisch wird ›Aas‹
auch im Sinn von ›tüchtig‹ gebraucht.

Schippe: Spielkarte, Pik.

Browwing: Browning, eine Selbstladepistole.

verratzt: verloren, vernichtet, erledigt. 1880 für Berlin erst-
mals bezeugt. Viell. entstellt aus ›verraten‹ im urspr.
Sinn ›durch falschen Rat irregeführt‹.

Mumpitz: Unfug, urspr. ›Schwindel‹ (nach 1870 als Berliner Börsenausdruck aufgekommen).

Zapfenstreich: abendliches Trommel-, Horn- oder Trom-
petensignal, das den Soldaten die Rückkehr in die Kaserne befahl (urspr. der Schlag auf den Zapfen, mit dem
das Schankfaß geschlossen wurde).

am Abend besuchen: verhüllend für ›am Arsch lecken‹, seit
Ende 19. Jh.

Daus: As beim Kartenspiel.

Latichte: umgspr. Kontamination von ›Laterne‹ und ›Licht‹.

Klöhnbruder: von nddt. klönen, schwatzen.

Schnadahüpfelmelodie: Schnadahüpfel, einstrophige, vier-
zeilige Lieder aus den bayer.-österr. Alpen.

Budiker: Inhaber einer kleinen Kellerwirtschaft, speziell in
Berlin (frz. la boutique, Ladengeschäft; Bedeutungsver-
schlechterung durch den Einfluß von ›Bude‹).

proppt: mit einem Stopfen verschließen.

Watschen: süddt., Ohrfeige.

kiebitzen: beim Kartenspiel zuschauen und unerbetene Rat-
schläge erteilen; aus rotw. kiebitschen, »visitieren«, und
meist mit dem Sumpfvogel Kiebitz in Verbindung gebracht.

Wanderschein: Arbeitsnachweis wandernder Handwerksge-
sellen.

Wackes: Spottname für die Elsässer (aus lat. vagus, ›Land-
fahrer‹). Das (urspr. dt.) Elsaß und ein Teil von Lothrin-
gen wurden 1871 als ›Reichsland Elsaß-Lothringen‹ dem
Deutschen Reich angegliedert.

Siebente Szene

unterm Strich: Der kulturelle Teil der Zeitung wurde urspr.
in kleinerem Format (Feuilleton, ›Blättchen‹) dem Haupt-
blatt beigelegt, bevor er durch einen Strich von den übrigen Nachrichten abgesetzt wurde.

Gerhart Hauptmann-Premiere im Deutschen Theater, von Alfred Kerr: Gerhart Hauptmann (1862–1946), dt. Dramatiker, dessen frühe naturalistische Stücke (»Die Weber«, »Die Ratten«) stark sozialkritisch engagiert waren. Am Deutschen Theater setzte Otto Brahm (1856–1912) 1894 bis 1904 mit Aufführungen von Henrik Ibsen, Gerhart Hauptmann, Arthur Schnitzler in Deutschland den Bühnenrealismus durch. Alfred Kerr (1867–1948) zählte zu den bekanntesten dt. Kritikern seit der Zeit des Naturalismus; er trat früh für Hauptmann ein.

impertinent: unverschämt.

Rominten: Rominter Heide, bevorzugtes Jagdgebiet in Ostpreußen seit der Zeit der Ordenshochmeister.

Litewka: blusenartige Uniformjacke.

Herr Einjähriger: Einjähriger, Einjährig-Freiwilliger: Soldat mit verkürzter Dienstzeit. Voraussetzung war erfolgreicher Abschluß der Untersekunda, Bedingung, für die *Equipierung* (Ausstattung, Kleidung) und Unterbringung selbst aufzukommen.

Darwinismus: nach dem brit. Biologen Charles Robert Darwin (1809–82) benannte Entwicklungs- und Selektionstheorie, die von einer Überproduktion von Nachkommen und der sog. natürlichen Zuchtwahl ausgeht, so daß nur derjenige überlebt, der sich im Kampf ums Dasein (struggle for life) am besten der Umwelt anpaßt (survival of the fittest). Wird diese Theorie von der Biologie auf die Sozialwissenschaften übertragen, so spricht man von Sozialdarwinismus; in diesem Sinn unterscheidet Wormser hier zwischen niederen und höheren Lebewesen.

Nationalökonom: Volkswirtschaftler.

Fortschrittlichen Volkspartei: 1910 durch Zusammenschluß dreier linksliberaler Gruppen, der Freisinnigen Volkspartei, der Freisinnigen Vereinigung, der Deutschen Volkspartei, gegründet. Sie trat während des Krieges für einen Verständigungsfrieden ein. Ihr bedeutendster Führer wurde Friedrich Naumann (1860–1919). Die Liberalen entwickelten sich nach 1848 zunehmend zu einer Interessenvertretung des Großbürgertums; nichtsdestoweniger war das Schlagwort vom *Gemeinwohl* charakteristisch für ihr politisches Vokabular.

bong: frz. bon, ›gut, in Ordnung‹.

quittieren: frz. quitter, ›verlassen, den Abschied nehmen‹.

»cherchez la femme«: frz., ›suchet die Frau‹, d. h. eine
Frau war die Ursache. Zuerst in dem Stück »Les Mohicans de Paris« (1864) von Alexandre Dumas père (1802
bis 1870).

Kleider machen Leute: Sprichwort, Titel einer Novelle von
Gottfried Keller (1819–90).

Freie Bahn dem Tüchtigen: Schlagwort des Liberalismus
über den Zusammenhang von individueller Leistung und
sozialem Aufstieg.

Devise: Wahlspruch.

Offizierskoppel: Koppel, der Gürtel an der Uniform.

Bandelier: Leibriemen, wurde diagonal über dem Oberkör-
per getragen, zum Befestigen von Ausrüstungsgegenstän-
den.

depeschiert: eine Depesche, ein Telegramm geschickt.

Zweiter Akt. Achte Szene

Sonnenburg: Stadt im Warthebruch, südöstl. von Küstrin,
Mark Brandenburg.

Sedan: Stadt im östl. Frankreich. Hier kapitulierte am
2. 9. 1870 eine frz. Armee unter Führung des Marschalls
MacMahon; dabei geriet Kaiser Napoleon III. in preuß.
Gefangenschaft. Der 2. September war Nationalfeiertag.
Der 40. Jahrestag 1910 stimmt mit der inneren Chrono-
logie des Dramas überein *(Der erste Akt spielt um die
Jahrhundertwende, der zweite und dritte zehn Jahre
später),* der hist. Auftritt des Hauptmanns von Köpenick
war 1906.

Genietruppen: Pioniere.

Train: Versorgungstruppen.

Kassiber: heimliche schriftliche Mitteilung von Gefangenen
untereinander.

Walstatt: Schlachtfeld.

Etappe: Gebiet zwischen Front und Heimat, hier: Versor-
gungseinheiten.

Neunte Szene

Friedrich Hoprecht: Unmittelbar vor seiner Tat von Köpenick war Wilhelm Voigt bei dem Hofschuhmachermeister
Hilbrecht in Wismar beschäftigt, bevor er ausgewiesen

wurde. Voigts Schwager in dem Stück trägt einige Charakterzüge Hilbrechts. Vgl. Kap. VII.

Rixdorf: bis 1912 Name von Neukölln, 1920 zu Berlin.

Unteroffizierstressen: Litzen, Borten an der Uniform als Rangabzeichen des Unteroffiziers.

Landwehr: alle waffenfähigen Männer, die nicht dem stehenden Heer angehörten.

Kaisermanöver: jährliche ausgedehnte Truppenübungen, bei denen der Kaiser anwesend war.

Militäranwärter: Länger dienende (12 Jahre und mehr) Soldaten (und Invalide) hatten nach Ausscheiden aus dem aktiven Dienst Anspruch auf eine staatliche Anstellung.

Vize: Vizefeldwebel.

jetzt hatse's auf der Brust: Die Schwindsucht (Tuberkulose) war, bes. in den sozial schlecht gestellten Schichten, weit verbreitet. Vor allem auch Jugendliche wurden durch extreme Arbeitsbedingungen von ihr befallen. Vgl. Kap. VIII (Rühle).

Leibgrenadiere: Leibregimenter waren Angehörigen fürstlicher Häuser direkt unterstellt.

Spezialarbeet: Voigt hatte sich im Zuchthaus auf Maschinenarbeit umschulen lassen, vgl. auch I, 2.

Penne: Obdachlosenasyl.

Kokarden: Abzeichen an der Militärmütze in Rosettenform zur Markierung der Nationalität. (Beim Prozeß des Hauptmanns von Köpenick wurde ausführlich erörtert, daß die Reichs- und die preuß. Kokarde falsch angesteckt waren, was, zusammen mit der Tatsache, daß der falsche Hauptmann nicht mit dem Helm, sondern nur mit der Mütze auftrat, hätte Verdacht erregen sollen.)

Feldwebelleutnant: unterster Offiziersdienstgrad, vor allem an verdiente Unteroffiziere verliehen.

Zehnte Szene

Köpenick: 16. Verwaltungsbezirk von Berlin, heute zu Ost-Berlin gehörig. Zur Zeit der Handlung noch selbständig.

Madonna della Sedia: von Raffael (Raffaello Santi, 1483 bis 1520), Vollender der klassischen Malerei Italiens, bes. seine Madonnenbilder wurden volkstümlich.

Adam von Michelangelo: Michelangelo Buonarroti (1475
  bis 1564), ital. Maler, Bildhauer, Architekt und Dichter.
  Die »Erschaffung Adams«: Deckengemälde in der Sixti-
  nischen Kapelle des Vatikans.
junonische Erscheinung: Juno: die Gemahlin Jupiters. Eine
  ›junonische‹, d. h. möglichst stattliche, vollbusige Erscheinung galt um die Jahrhundertwende als weibliches
  Schönheitsideal (vgl. die zeitgenössischen Darstellungen
  der Germania).
Spandau: Stadt im Westen von Berlin, 1920 eingemeindet.
Steh ick ...: Anfang des Liedes »Soldatenliebe« von Wilhelm Hauff (1802–27): »Steh ich in finstrer Mitter-
  nacht / So einsam auf der fernen Wacht ...«

Elfte Szene

›Vorwärts‹: sozialdemokratische Wochenzeitschrift, gegr.
  1876.
Konzession: Genehmigung zur Führung eines Schankbe-
  triebs.

Zwölfte Szene

larmoyantes: weinerliches, rührseliges, sentimentales.
Hartmann: harter Hut.
Krotte: Nebenform zu ›Kröte‹; hier als Kosewort ge-
  braucht.
auf Jesanges Flügeln: Vgl. Heinrich Heine (1797–1856),
  »Buch der Lieder« (1827):
  Auf Flügeln des Gesanges,
  Herzliebchen, trag ich dich fort,
  Fort nach den Fluren des Ganges,
  Dort weiß ich den schönsten Ort.
  »›Auf Flügeln des Gesanges‹ ist ebenfalls der Titel eines
  Berliner Volksstücks von 1913« (Mews).
sie säen nich: Vgl. Matth. 6,26.
Müggelberje: Die Müggelberge sind ein Endmoränenrest im
  Südosten Berlins (größte Höhe 115 m).
Werder: auch Wärder, Wert(h), Wört(h), allgem. ›Fluß-
  insel‹, Land zwischen Flüssen und stehenden Gewässern
  (vgl. Kaiserswerth, Donauwörth). Hier: Werder an der
  Havel (nahe Potsdam), mit Obstanbau, Fachschule für
  Gartenbau, Obstbaumuseum, Konservenfabrik.

»Puppchen, du bist mein Augenstern«: Schlager aus der
  musikalischen Posse »Das Puppchen« (1912), Musik von
  Jean Gilbert (eigtl. Max Winterfeld, 1879–1942).
binnen achtundvierzig Stunden: Dem historischen Wilhelm
  Voigt wurde eine Frist von vierzehn Tagen gesetzt.

Dreizehnte Szene

Rittmeister: Offiziersrang bei der Kavallerie, entspricht
  dem Hauptmann.
Dressel: Restaurant in Berlin.
Kotillonscherzen: Cotillon (frz., Unterrock), urspr. Bezeichnung der Contredanses (aus engl. country-dance,
  ländlicher Tanz, im Frz. durch das ›Gegeneinander‹
  [contre] der Tanzenden zu contredanse umgedeutet), be-
  liebteste Gesellschaftstänze im 18. Jh.; der Cotillon des
  19. Jh.s hat sich, stark durch den Walzer beeinflußt, zu
  einer eigenen Tanzform entwickelt. Kotillonscherze sind
  Gegenstände, die bei mit dem Cotillon verbundenen Ge-
  sellschaftsspielen verwendet wurden.
Husarenuniform: Die Husaren (aus ungar. husz, ›zwanzig‹),
  urspr. die ungar. Reiterei, seit Ende 17. Jh. von anderen
  Ländern übernommen bzw. nachgeahmt, leichte, beweg-
  liche Reiter, wurden speziell zur Aufklärung eingesetzt,
  wodurch sie den Ruf bes. Schneidigkeit erwarben. Das
  Deutsche Reich besaß 21 (18 preuß., 3 sächs.) Husaren-
  regimenter.
Gefreiter: niedriger Mannschaftsdienstgrad (nur eine Stufe
  über dem ›gemeinen‹ Soldaten).
Festcouplets: Couplet: meist witziges, satirisches Lied, dessen Strophen in einem Kehrreim enden. Je nach aktuel-
  lem Anlaß konnten einzelne Strophen durch den Sänger
  ausgetauscht bzw. neu hinzugefügt werden. Ein Meister
  des Couplets war der österr. Dichter Johann Nestroy
  (1801–62).
Diva: lat., ›Göttin‹; gefeierte Bühnenkünstlerin.
Studikerzeit: Studentenzeit.
Exkneipe: Ausdruck der studentischen Verbindungen; bei
  der ›Kneipe‹ (dem gemeinsamen Alkoholkonsum) mußten
  die Gläser auf einmal aus(›ex‹)getrunken werden.
Löffele mich!: Darauf trinke ich (Verbindungsjargon).
Filou: frz., Spitzbube.

Silentium strictissimus: absolute Ruhe (richtig: silentium strictissimum).

Kommerzienrat: Ehrentitel für erfolgreiche Kaufleute und Unternehmer.

ich bin ja kein Redner: Vgl. Kap. VIII (Eloquenz im Heere).

Liebesmahl: festliches Essen im Offizierskasino. Urspr. war das Liebesmahl (›Agape‹) ein religiös ausgestaltetes Mahl, das die frühchristlichen Gemeinden zugunsten der Armen und zur Stärkung des Gemeindegefühls abhielten.

Wo steht denn das . . .: Terzett aus der Operette »Der liebe Augustin« (1912) von Leo Fall (1873–1925).

Majorsecke: Bis zum Major erfolgte die Beförderung in der Regel nach der ›Anciennetät‹, der Zahl der abgeleisteten Dienstjahre, die höhere Beförderung hatte bes. Qualifikationen zur Voraussetzung.

clam heimlich: clam, lat., heimlich; clam heimlich ist also eine Verstärkung, heute auch eingedeutscht als ›klammheimlich‹.

Trakehner: Trakehnen, Gemeinde in Ostpreußen mit erfolgreichem Gestüt (gegründet 1732 von Friedrich Wilhelm I.).

desperatem: verzweifeltem.

Vierzehnte Szene

Kommißbrot: für das Heer gebackenes, haltbares, stark sättigendes Vollkornbrot.

lamentieren: (wehleidig, weinerlich) wehklagen.

Recht is, was Gesetz is: Hoprecht vertritt hier den Vorrang des ›positiven‹ Rechts, d. h. die unbedingte Gültigkeit der von Menschen erlassenen Gesetze. Dagegen liegt Voigts Worten *wat Recht is, det sollt auch Recht sein!* die Auffassung des ›Naturrechts‹ zugrunde, das jedem menschlichen Individuum grundsätzlich gleiches Recht zubilligt. Die Naturrechtslehre wurde insbes. in der Aufklärung vertreten; Kants kategorischer Imperativ beruht auf ihr.

Treu und Glauben: Das juristische Prinzip von Treu und Glauben setzt dasjenige Verhalten zur Norm, das in einer bestimmten Situation von jedem rechtlich denkenden Menschen erwartet werden kann. Der Grundsatz dient

insbes. der Abwehr formal bestehender, aber Unrecht be-
wirkender Rechtspositionen.

Muschiks: russ., Bauern.

Wehrvorlage: die Wehrmacht betreffender Gesetzentwurf.

Schnösel: zu ›schnöde, verächtlich‹; urspr. Bedeutung ›kurz
geschoren (wie ein Knecht)‹. In ›Schnösel‹ ist die seit
dem 17. Jh. vorherrschende aktivische Form (wer anderen schnöde, verächtlich begegnet) ausgeprägt.

Det Janze, Friedrich, für wem is det?: Die polemische
Frage bürgerlicher Aufklärer des 18. Jh.s gegen die Will-
kürherrschaft absoluter Fürsten. »Glaubst du, daß die
Menschen für die Staaten erschaffen werden? Oder daß
die Staaten für die Menschen sind? [...] Die Staaten
vereinigen die Menschen, damit durch diese und in dieser
Vereinigung jeder einzelne Mensch seinen Teil von Glückseligkeit desto besser und sichrer genießen könne. – Das
Totale der einzeln Glückseligkeiten aller Glieder ist die
Glückseligkeit des Staats. Außer dieser gibt es gar keine.
Jede andere Glückseligkeit des Staats, bei welcher auch
noch so wenig einzelne Glieder leiden, und leiden m ü s -
s e n , ist Bemäntelung der Tyrannei. Anders nichts!«
(Gotthold Ephraim Lessing, Ernst und Falk. Gespräche
für Freimäurer.)

knickerich: ärmlich, eigtl. ›geizig‹.

Dritter Akt. Fünfzehnte Szene

Grenadierstraße: Straße nördl. des Alexanderplatzes, heute
Almstädtstraße.

Ghettogestalt: Ghetto: abgeschlossener Stadtteil, in dem die
Juden bis ins 19. Jh. zu leben hatten; charakteristische
jüdische Merkmale hielten sich hier unverändert, z. B.
Barttracht und Kleidung (Kaftan).

Louis: frz., Ludwig, häufiger Herrschername.

Sally: Salomon.

Goy: Goi, Goj, Nichtjude, Christ (Plural Gojim).

Nebbich: jidd., Ausdruck des Bedauerns, der zugleich das
Bedauern bedauert (unübersetzbar).

historische Windmühle: Deren Besitzer, der ›Müller von
Sanssouci‹, soll angeblich durch den Hinweis auf die un-
abhängige preuß. Rechtsprechung Friedrich II. davon
abgebracht haben, ihm sein Grundstück wegzunehmen.

Pierrot: Gestalt der ital. Stegreifkomödie (commedia dell'arte) aus dem 16. bis 18. Jh.

Bollen: ahd. bolla, mhd. bolle, ›Kugel‹, Grundbedeutung ›etwas rund Angeschwollenes‹ (verwandt mit ›Ball‹).

Kaubeu: Cowboy.

Bur: Buren, die Nachkommen der seit 1652 in Südafrika siedelnden Niederländer. Im ›Burenkrieg‹ (1899–1902) erhoben sie sich gegen die seit 1806 in Südafrika herrschenden Briten; der Aufstand wurde brutal niedergeschlagen.

Roches: jidd., Zorn, Zwist, Ärger, Wut.

Domino: Seit dem 18. Jh. ein Maskenmantel aus schwarzer Seide; urspr. ein Wintermantel (mit Kapuze) der Mönche.

Sechzehnte Szene

Sanssouci: Sommerschloß Friedrichs II. in Potsdam, 1745 bis 1747 durch Knobelsdorff errichtet.

martialisch: kriegerisch (von Mars, dem röm. Gott des Krieges).

Kürassier: Die Kürassiere gehörten zur Kavallerie; sie trugen den Küraß, urspr. ein Lederkoller (frz. cuir, Leder), seit Ende 17. Jh. durch den Harnisch (aus Metall) abgelöst.

vom grünen Tisch: praxisfern, wenn auch theoretisch begründet. Die Redensart kommt von den früher grün überzogenen Tischen der Gerichts- und Amtszimmer.

Marokkokrise: Die beiden Marokkokrisen von 1906 und 1912 waren die Folge außenpolitischer Rivalitäten zwischen Deutschland und Frankreich, die ihre Einflußgebiete in Afrika zu erweitern trachteten.

der Balkan, das ewige Pulverfaß: Auf dem Balkan herrschte fast ununterbrochen erhöhte polit. Spannung, hervorgerufen durch die Interessenkonflikte der zahlreichen beteiligten Mächte (z. B. Österreich-Ungarn, Serbien, Rußland, Türkei). Nach dem Attentat auf den österr. Thronfolger Erzherzog Franz Ferdinand und seine Frau (in Sarajewo) brach, mit der Kriegserklärung Österreichs an Serbien, der Erste Weltkrieg aus.

Ersatzreserve: Die zur Ersatzreserve gehörenden Wehrpflichtigen wurden in Friedenszeiten nicht zu Wehrübungen eingezogen.

Halluminationen: Halluzination: Sinnestäuschung.

Veteran: alter Soldat, insbes. ehemaliger Kriegsteilnehmer.
»Der reinen Wolken unverhofftes Blau!«: Aus dem Ge-
dichtband »Das Jahr der Seele« von Stefan George
(1868–1933). George trat für den unbedingten Vorrang
der Kunst und alles Ästhetischen vor dem unmittelbaren
Leben ein, als Reaktion gegen die (im weiteren Sinne)
›darwinistischen‹ Tendenzen des Zeitalters. Bedeutender
Vertreter des l'art pour l'art (frz., ›Kunst um der Kunst
willen‹, im Gegensatz etwa zum sozial engagierten Naturalismus). Die Strophe lautet vollständig:

Komm in den totgesagten park und schau:
Der schimmer ferner lächelnder gestade ·
Der reinen wolken unverhofftes blau
Erhellt die weiher und die bunten pfade.

Kapotthüten: kleine Damenhüte, etwa seit 1850.

Siebzehnte Szene

Schlesischer Bahnhof: in Berlin, heute Ostbahnhof.
Hauptblockstellen: Die Eisenbahnstrecken sind in Blockab-
schnitte geteilt, auf denen aus Sicherheitsgründen nur jeweils ein Zug verkehren darf.
Stahnsdorf: Gemeinde im Kreis Potsdam.

Achtzehnte Szene

Rotspohn: Rotspon (wahrscheinlich zu mnddt. span, ›höl-
zernes Gefäß‹), frz. Rotwein vom Faß.
Spreewald: Landschaft in der Niederlausitz, mit einem
Netz von Wasserarmen der Spree durchzogen.
Kabuff: kleiner, enger, dunkler Raum. Aus mnddt. kabuse,
›Bretterverschlag‹, oder Streckform zu mnddt. kuffe,
›kleines schlechtes Haus‹.
Krümper: nach 1808 Bezeichnung eines Reservisten in der
preuß. Armee. Zu mundartl. Krümper, ›krummer Kerl‹,
Krümperpferd, ›überzähliges Pferd‹.
Teltow: Stadt im Kreis Potsdam.
Bajonett – pflanzt – auf!: Vgl. Anm. zu *Seitengewehr,* I, 3.
Belagerungszustand: Im Belagerungszustand kann ein Teil
der Grundrechte aufgehoben werden, bürgerl. Gesetze
werden durch Kriegsgesetze, die bürgerl. Verwaltung
durch Militärverwaltung ersetzt.

Bürgermeister
Dr. Langerhans

Rathaus und Bürgermeister von Köpenick.

Aus: Berliner Lokal-Anzeiger, 2. Ausgabe, 17. Oktober 1906

Neunzehnte Szene

Bismarcks: Otto Graf (seit 1871 Fürst) von Bismarck (1815 bis 1898), 1862 preuß. Ministerpräsident, 1871 Kanzler des auf Grund seiner Politik gegründeten Deutschen Reiches. 1890 von Wilhelm II. entlassen.

Schopenhauers: Arthur Schopenhauer (1788–1860), Philosoph, vertrat einen metaphysischen Pessimismus, aus dem es nur den Ausweg einer Überwindung des Willens zum Leben und der Abtötung der eigenen Bedürfnisse gab (Hauptwerk: »Die Welt als Wille und Vorstellung«, 1819). Nach jahrzehntelanger Nichtbeachtung etwa seit 1850 ständig zunehmender Erfolg, bes. in Kreisen des Besitzbürgertums.

Hauptkontingent: Hauptanteil.

Ordonnanz: Soldat, dessen Aufgabe die Übermittlung von Befehlen ist.

Seiner Majestät des Kaisers und Königs: Das Oberhaupt des Deutschen Reiches war König von Preußen und Deutscher Kaiser (nicht: Kaiser von Deutschland; auf diese Weise sollte der Charakter des Bundesstaates hervorgehoben werden).

Neue Wache: 1817/18 von Karl Friedrich Schinkel (1781 bis 1841) in klassizistischem Stil erbaut.

Schmissen: vernarbte Wunden von Säbelkämpfen, die die ›schlagenden‹ Studentenverbindungen ausfochten; als Statussymbol zur Schau gestellt.

Stadtrendantur: Städt. Rechnungsamt.

konsterniert: bestürzt, aufs äußerste verwirrt.

Stab: Offiziere, Unteroffiziere und Mannschaften zur Verfügung des Befehlshabers einer größeren Einheit (vom Bataillon aufwärts).

mit stark westpreußisch-polnischem Akzent: Westpreußen, preuß. Provinz, nach dem Ersten Weltkrieg zum größten Teil zu Polen, 1945 insgesamt polnisch.

Legitimation: Ausweis, amtliches Dokument.

requirieren: zu milit. Zwecken beschlagnahmen.

Zwanzigste Szene

Bollefahrer: Fahrer der Berliner Molkerei Bolle.

Aschingers Bierquelle: Aschinger: Berliner Restaurantkette, berühmt durch ihre billige Erbsensuppe.

verschwiemelt: verschwiemelt aussehen: übernächtig, müde aussehen; von ›schwiemeln‹, taumeln, ohnmächtig werden, auch liederlich leben, zechen.

Molle: Glas Bier.

»Glücklich ist ... zu versaufen ist!«: Verballhornung von »Glücklich ist / wer vergißt / was doch nicht zu ändern ist.« Aus der Operette »Die Fledermaus« (1874) von Johann Strauß (1825–99).

Molkenmarcht: Molkenmarkt, Platz in Berlin.

Blaukreuzler: Blaues Kreuz, ein christl. Verein zur Bekämpfung des Alkoholismus, 1877 von L. Rochat und A. Bovet in Genf gegründet.

'n Politischer: ein Täter, der aus politischen Motiven handelt.

Einundzwanzigste Szene

gehauten Jungens: gewitzten Jungen.

geschaßten Offizieren: unehrenhaft entlassenen Offizieren (frz. chasser, ›jagen, fortjagen‹).

Jago: Traugott von Jagow (1865–1941), 1909–16 Polizeipräsident von Berlin.

aus der ›letzten Instanz‹: ›Zur letzten Instanz‹: häufiger Name von Lokalen in der Nähe des Gerichts.

Felddienstordnung: Vorschriften über das Verhalten im Kriegsfall.

Exerzierreglement: Vgl. Anm. zu I, 1.

II. Carl Zuckmayer zur Entstehungsgeschichte

»Aber der ›Eulenspiegel‹, den ich als meinen dramatischen
Hauptplan betrachtete, kam nicht vom Fleck. Er scheiterte, mußte scheitern, an der Diskrepanz zwischen dem
Vorwurf des alten Volksbuchs, an das ich mich zu halten
versuchte, und der Zeitnähe, dem Gegenwartsgehalt, der
lebendigen Wirklichkeit, die ich erstrebte. Ich war schon im
Begriff, den ganzen Entwurf wegzuschmeißen und mich an
eine Tragikomödie des Vormärz, ›Das Hambacher Fest‹,
zu machen, da wurde mir, mitten im Sommer, die An-
regung zu einem Stoff zuteil, an den ich vorher nicht gedacht hatte: der ›Hauptmann von Köpenick‹. Sie kam von
Fritz Kortner, meinem alten Freund, der sich meine Bewunderung und Zuneigung durch nichts verscherzen kann.
Kortner dachte zunächst an einen Film, den er inszenieren
wollte, mit dem in dieser Zeit von seinem Stammpublikum
ebenso wie von Literaten und Künstlern verhimmelten
Erich Carow, einem originellen Vorstadt-Komiker, der im
Berliner Norden seine ›Lachbühne‹ betrieb. Vom ›Hauptmann von Köpenick‹ wußte ich nicht mehr als jeder – die
Anekdote von seinem Geniestreich im Köpenicker Rathaus,
und daß er dann, nach kurzer Gefängnishaft vom Kaiser
begnadigt, durch die deutschen Städte reiste und signierte
Postkarten mit seinem Bild in Uniform verkaufte: so hatte
ich ihn selbst bei einer Mainzer Fastnacht im Jahr 1910 gesehen. Noch zögernd ließ ich mir von meinem Verlag die
alten Zeitungsberichte und Prozeßakten über den vorbe-
straften Schuster Wilhelm Voigt beschaffen – und plötzlich
ging mir auf: das war mein ›Eulenspiegel‹, der arme Teufel,
der – durch die Not helle geworden – einer Zeit und einem
Volk die Wahrheit exemplifiziert.
Denn wenn auch die Geschichte mehr als zwanzig Jahre
zurücklag, so war sie gerade in diesem Augenblick, im
Jahre 1930, in dem die Nationalsozialisten als zweitstärkste
Partei in den Reichstag einzogen und die Nation in einen
neuen Uniform-Taumel versetzten, wieder ein Spiegelbild,
ein Eulenspiegel-Bild des Unfugs und der Gefahren, die in
Deutschland heranwuchsen – aber auch der Hoffnung, sie
wie der umgetriebene Schuster durch Mutterwitz und
menschliche Einsicht zu überwinden.

Entschlossen, das Stück zu schreiben, machte ich mich von
jeder mir vorgeschlagenen Zusammenarbeit frei – Kollabo-
ration und Kollektivwerk haben mir nie gelegen –, auch
war mir klar, daß ich den Stoff nur auf meine Art bewäl-
tigen könne, nicht ›die Geißel schwingend‹, sondern das
Menschenbild beschwörend – und zog mich zur Arbeit ins
ländliche Henndorf zurück. Von der ursprünglichen Eulen-
spiegel-Idee blieb der Märchengedanke. Eine Geschichte,
auch im Komödienton, märchenhaft zu erzählen, schien
mir der Weg, sie über den Anlaß hinaus mit überzeitlichem
Wahrsinn zu erfüllen. Auf langen Spaziergängen, manch-
mal von meinem Freund Albrecht Joseph begleitet, mit dem
ich alle meine Stückpläne besprach, baute ich mir die
Szenenfolge zusammen. Aber als ich Anfang September
einen Abend mit Max Reinhardt und Helene Thimig, ohne
andere Gäste, im Schloß Leopoldskron verbrachte, existierte
von dem Stück noch kein niedergeschriebenes Wort. In der
Nacht fragte mich Reinhardt, woran ich jetzt arbeite, und
plötzlich fing ich an, das Stück zu rezitieren, oder vielmehr: ich spielte es, stundenlang, mit allen Szenen und
Figuren, oft von meinen eigenen Einfällen blindlings überrascht, es entstanden noch ungeplante Situationen, Dialoge,
Aktschlüsse – das Stück war da. Es hatte, durch Reinhardts
magisches Zuhören, mit dem er Menschen in eine Trance
der Produktivität steigern konnte, Gestalt angenommen.
Am nächsten Tag erhielt ich von Reinhardts Berliner Direk-
tion, mit der er telefoniert hatte, ein Telegramm: ich
möchte sofort das Manuskript schicken, das Stück solle
baldmöglichst in Szene gehen. Ich depeschierte zurück, ich
müsse es erst noch schreiben ...
Das geschah ohne Hast, aber auch ohne Stocken, in den
nächsten zwei Monaten. Ich war allein in der herbstlichen
Landschaft, meine Familie war nach Berlin vorausgefah-
ren, im November folgte ich mit dem fertigen Manuskript. [...]
Die Wirkung des ›Hauptmann von Köpenick‹ war tiefer
und nachhaltiger als die des ›Fröhlichen Weinberg‹. Das
Stück wurde, von Freund und Feind, als das Politikum
begriffen, als das es gemeint war. Und bis jetzt waren die
Freunde, wenigstens unter dem Teil der Bevölkerung, der
überhaupt ins Theater geht oder liest, noch in der Überzahl. Gerade daß hier auch die ›Gegenseite‹, das Militär

vor allem, nicht blindlings verdammt und verteufelt, sondern mit dem Versuch zu dramatischer Gerechtigkeit dargestellt wurde, machte das Stück und sein Anliegen glaub-
würdiger und ließ nicht das Mißtrauen und den üblen
Nachgeschmack aufkommen, den betonte, einseitige Tendenz oder ›Propaganda‹ immer verursacht. Es gab keine
Theaterskandale, doch wütende Beschimpfungen von seiten
der Nazipresse, vor allem in dem jetzt von Goebbels redi-
gierten Berliner ›Angriff‹, der mir, mit Hinblick auf eine
Szene im Zuchthaus, verkündete, ich werde bald Gelegenheit haben, eine preußisches Zuchthaus von innen kennenzulernen. Auch wurde mir schon damals – für die kommende Machtergreifung – mit Ausbürgerung, Landesver-
weisung oder schlichtweg mit dem Henker gedroht.
Schmähbriefe kamen – ich warf sie in den Papierkorb und
hielt mich an die anderen, die zustimmenden und bestär-
kenden, die bis zum Schluß in der Überzahl waren. ›Seit
Gogols ›Revisor‹ die beste Komödie der Weltliteratur‹,
hieß es in einem spontanen Brief von Thomas Mann, den er
mir nach dem Besuch der Aufführung geschrieben hatte.
Das war für uns noch die Stimme Deutschlands – nicht das
hysterische Geschrei der Hetzredner im Sportpalast.
Einer erstaunlichen Zuschrift muß ich gedenken, sie kam
auf rosa Papier und war mit einer kindlichen Hand geschrieben, ein vergilbtes Foto lag bei, das eine starke Dame
mit hoher Turmfrisur und Sonnenschirm zeigte. ›Werter
Verfasser‹, begann es, ›gestern habe ich im Deutschen Theater den Hauptmann von Köpenick gesehen, ich kann Ihnen
nicht sagen, wie mir zumute war, als unser liebes, altes
Sitzcafé, das National, auf der Bühne erschien!‹
(Man muß dazu wissen, daß das ›Café National‹, in dem
eine Szene des Stückes spielt, vor und bis kurz nach dem
Ersten Weltkrieg das Stammlokal der Berliner ›besseren
Halbwelt‹ war, die nicht auf den Strich ging, sondern sich
ihre Kundschaft ebendort ersaß.)
›Tränen der Rührung‹, hieß es weiter, ›liefen mir über die
Wangen. Auch mit der Plörösenmieze‹ – diesen Namen
glaubte ich erfunden zu haben! – ›war ich gut befreundet,
wie viele idyllische Stunden haben wir zusammen verlebt.
War ich doch selbst die bekannte Goldfisch-Anna, da ich
einen sehr vollen Busen besaß und sich die Herrn vergnüg-
ten, mir lebende Goldfische aus dem großen Bassin mit

Springbrunnen in den stets dekolletierten Busenschlitz
schlüpfen zu lassen, die sie dann aus meinem Corsett wieder herausfischten, wobei ich zu ihrem Spaß laut quietschte.
Wie manchen Taler habe ich mir damit ehrlich verdient!
Goldene Zeiten! Dank Ihnen, werter Meister, daß Sie diese
Erinnerung an die glücklichsten Tage meines Lebens auf
das Theater gebracht haben,

Ihre ,Goldfisch-Anna'.«

Werner Krauß spielte die Rolle hundertmal in Berlin, dann
wurde sie von Max Adalbert übernommen, einem unendlich
liebenswerten, verkauzten, schrulligen Volksschauspieler,
der – ähnlich wie Buster Keaton – selbst niemals lachte und
dadurch seine stupenden Humorwirkungen erzielte.
Er spielte den Voigt auch in der bald darauf folgenden,
ersten Verfilmung. Es gab kaum ein Provinztheater, selbst
wenn ein Teil des Opern- und Operettenpersonals für die
vielen kleineren Chargen aushelfen mußte, in dem das
Stück nicht gegeben wurde. Direktoren und Intendanten
spielten mit Vorliebe den Hauptmann selbst – so Gustav
Lindemann in Düsseldorf, Gatte der ehrwürdigen Theater-
fürstin Luise Dumont. Diese Aufführungen liefen in ganz
Deutschland weiter, fast zwei Jahre lang, bis zum Ende
des Januar 1933.«

(Zuckmayer: Als wär's ein Stück von mir.
Horen der Freundschaft. [Frankfurt a. M.:]
S. Fischer 1966. S. 439–441 u. 444 f.)

III. Rezensionen der Uraufführung

Die Uraufführung des »Hauptmanns von Köpenick« fand im Deutschen Theater, Berlin, am 5. März 1931 unter der Regie von Heinz Hilpert und mit Werner Krauß in der Titelrolle statt.

Eine ausführliche kritische Analyse schrieb Bernhard D i e - b o l d (1886–1945):

»Wir glauben, unsere Zeit hat weder Märchen noch Mythos mehr, weil die genaue Berichterstattung der modernen Presse das Fabelhafte entfabelt, das Poetische zur Prosa macht, das Außerordentliche allzu vernünftig ordnet und die Persönlichkeit als Typus zur bloßen Person reduziert. Die historische Existenz des Hauptmanns von Köpenick macht diese Skepsis zu schanden durch eine außerordentliche, fabel-hafte und hochsymbolische Tat, deren Mythos im Augenblick des allzunahen Geschehens durchaus nicht allgemein erkannt wurde. Denn am 17. Oktober 1906, vierundzwanzig Stunden nach der Aktion von Köpenick, meldete etwa die ›Tägliche Rundschau‹:
›Ein als Hauptmann verkleideter Mensch führte gestern eine von Tegel kommende Abteilung Soldaten nach dem Köpenicker Ratshaus, ließ den Bürgermeister verhaften, beraubte die Gemeindekasse und fuhr in einer Droschke davon.‹
Dieser ›verkleidete Mensch‹ war der damals siebenundfünfzigjährige Schuster Wilhelm Voigt, der wegen kleiner Betrügereien und Einbrüche so nach und nach nicht weniger als dreißig Jahre seines Lebens im Zuchthaus verbracht hatte; der aus Not immer wieder ›rückfällig‹ und der durch behördliches Mißtrauen immer wieder ausgewiesen wurde; nirgends auf die Dauer redliche Arbeit fand; und ohne Paßpapiere zwangsweise zur Landstreicherei verurteilt war. Wie (in Travens herrlichem Buch ›Das Totenschiff‹) der Matrose, der seine Papiere verloren hat, von keinem Konsul und von keinem Vaterland mehr als ›ein Mensch‹ zu registrieren ist, und daher, zur behördlichen Nicht-Existenz verdammt, auf einem Totenschiff enden muß –, so wird der Schuster Voigt von der formalen Gesetzlichkeit des staatlichen Daseins ganz automatisch in die

Ungesetzlichkeiten getrieben. Und mit der Ungesetzlichkeit erzwingt er sich für ein paar Stunden sein formales Recht zum Dasein.

Der Schuster Voigt ist kein Revolutionär. Er anerkennt das militärische System und zieht daraus die letzten Konsequenzen. Er weiß: die Hierarchie will nicht den Menschen; sie zielt nur auf sein außermenschliches Amt, das ihm als Uniform zur *zweiten Haut* wird. Der Schuster Voigt zieht die hierarchische Konsequenz und schafft sich die Haut eines Hauptmanns an.

In dieser Haut ist man kein Schuster mehr, auch wenn man wie ein Schuster aussieht. In dieser Haut mit rotem Halskragen ist man kein Zuchthäusler mehr, auch wenn man keine Papiere hat. In dieser Haut ist die gesamte Hierarchie – vom Hauptmann *abwärts* selbstverständlich! – zu besiegen, sofern sie konsequent ist. Mit elf zusammenbefohlenen Soldaten erobert Voigts halbzerschlissene Hauptmanns-Uniform das Rathaus von Köpenick und erbeutet 4000 Mark. Keine Majors-Uniform erschien zur Rettung des Systems. Der gute Bürgermeister war nur Leutnant d. R. und ohne Uniform stand er rechtlos vor der bunten Haut des Schusters. Die Logik des Systems triumphierte bis zur Märchenhaftigkeit. Voigt führte sie ad absurdum durch die Tat.

Und Zuckmayer schrieb nun das Märchen – den Mythos. Die Exposition ist bewundernswert. Denn vor der berühmten Fabel vom falschen Hauptmann in der Uniform erfindet und erzählt der Dichter Zuckmayer den Gegen-Mythos: nämlich die Tragödie vom echten Hauptmann in Zivil. Dieser Hauptmann von Schlettow sitzt in Zivil im Nachtlokal und maßregelt einen besoffenen Sergeanten, der einen Zivilisten brutalisiert. Aber dieser Kerl glaubt keinem Vorgesetzten ohne Uniform und haut dem Hauptmann eine Ohrfeige herunter. Der Hauptmann Schlettow muß daher den Dienst kassieren. Er muß die eben fertiggestellte neue Uniform dem Schneider zurückgeben. Lebenslänglich Zivil – heißt sein Schicksal. Göttliches Prinzip: die Uniform.

So leitet Zuckmayer gleich von einer billigen Szenen-Biographie des Schusters Voigt ab auf die Hauptsache. Er schreibt die Biographie einer *Uniform*. Diese aber beginnt nicht an der Wiege des Voigt, sondern beim Militärschneider in Potsdam. Schneider machen Leute! Dort bestellt der

unglückliche Hauptmann von Schlettow die neue Parade-
uniform, die er nie tragen wird. Dort wird sie mit einigen
Abänderungen dem Bürgermeister Obermüller aus Köpenick verkauft, der eben glücklich Leutnant d. Res. geworden ist. Die alte Uniform des Bürgermeisters wird dem
Schneidermeister Wormser zur Anrechnung zurückgegeben.
Der schenkt sie seiner Tochter Auguste Viktoria, die darin
am Maskenball einen Hauptmann spielt. Dann wird sie an
den Kleiderjuden in der Grenadierstraße verkauft. Und in
der Grenadierstraße ersteht sie endlich der Schuster Voigt
mit allem Zubehör zur Hauptmannswürde für 18 Reichs-
mark. Sie ist zwar fleckig, speckig und zerschlissen. Aber
sie ist bunt und stolz und wird die Hierarchie besiegen –
vom Hauptmann abwärts.
Der Fabel von der Uniform dienen alle Schicksale dieses
Stückes, die nicht persönlich sind, sondern typisch. Per-
sonengruppen scharen sich um die Hauptspieler. Um den
Hauptmann von Schlettow ein ganzes Kaffeehaus mit seinen Herren und unfeinen Damen. Um den Kommerzienrat
und Schneider Wormser seine Gehilfen und die Familie,
worunter der militäruntüchtige Sohn mit der schlechten
Haltung. Um den Bürgermeister Obermüller seine klassen-
bewußte Gattin, Kinder und Dienstmädchen und die Beamtenschaft. Um den Helden Voigt die Schlafburschen der
Herberge zur Heimat, die Sträflingsbrüder im Zuchthaus
Sonnenberg, die Schwester, der Schwager, die kranke
Untermieterin; und dann das Heer der Uniformen: Wachtmeister, Aufseher, Soldaten, Polizeiräte und der ganze
Alexanderplatz ...
Es sind dreiundsiebzig Personen, die in drei Akten von je
sieben Szenen von Zuckmayer zum Märchen kommandiert
wurden. Alle haben ihren zentralen Umkreis. Kaum eine,
noch so flüchtig und witzblattmäßig hingesetzt, wäre leicht
entbehrlich. Jeder hat ein kleines Menschengesicht. Denn
alle reden Zuckmayers Sprache: dieses treffsichere Idiom
eines Mannes, der mit dem Volke innerlich verwachsen ist
und daher (fern von aller Intellektualität als Selbstzweck)
nur das direkte Wort findet. Dreiundsiebzig Menschen bilden hier ein Volk, dessen Seele unter dem Idol der staats-
erhaltenden Uniform steht.
Zuckmayer vergißt nichts zur universellen Geltung seiner
militärischen Satire. Im Schlafsaal unter den Vagabunden

wird der Deserteur erwischt. In der Schuhfabrik werden
die Arbeitsuchenden nach der militärischen Haltung aus-
gelesen. Im Park zu Sanssouci (gestrichene Szene) spielen
die Kinder Soldaten; und Soldaten reden kindlich von
künftigen Kriegen. In der Zuchthauskirche wird der Sedans-
tag mit einem Kriegsspiel gefeiert, indem der gute Direktor
im Schmucke seiner Orden und des Vollbarts die Erobe-
rung der Höhe 101 von seinen Häftlingen siegreich nach-
konstruieren läßt. Voigt, als bester Kenner der Formatio-
nen, zeichnet sich dabei als Führer der Sturmtrupps aus.
Am nächsten Tag wird er entlassen mit allen militärischen
Kenntnissen. Sie werden ihm nicht ohne Nutzen sein fürs
Leben.
Die hohe Menschlichkeit des Dichters Zuckmayer schafft
nur satirische *Situationen* – nicht aber durch Satire ent-
würdigte *Menschen*. Heinrich Mann hätte Scheusale solda-
tischer Bosheit erfunden; Sternheim hätte mit Kleinbürgern
Tyrannen gesät; Toller hätte die Menschheit verklagt; noch
Tollere hätten alles, aber auch alles auf Wilhelm geschoben.
Zuckmayer sieht nur Opfer des *Systems*. Er sieht durchaus
passable Polizeiwachtmeister, dummblöde Diener der Obrigkeit; fanatisch-ehrliche Bekenner des Soldatentums wie den
menschlichen Hauptmann Schlettow; wie den Schwager
Voigts, den guten Kerl, der trotz seines Beamtentums den
alten Zuchthäusler beherbergt und sich erst bei der Diskus-
sion über die Gültigkeit der ›Disziplin‹ mit ihm verwirft.
Semitische Kommerzienräte tafeln mit Offizieren. (Gestrichene Szene.) Der Zuchthausdirektor sagt: ›*Herr* Voigt.‹
Offiziersburschen weinen über ihres Hauptmanns Abschied.
Bürgermeister wahren ihren menschlichen Stolz bis zur
äußersten Komik ... Es sind nicht schändliche Menschen
unter dem Zeichen der Uniform. Es sind pflichttreue Untertanen unter der bunten Idee, die sie in die kunterbuntesten
Verwirrungen wirft. Nicht gegen Menschen geht das Märchen. Kein Rechtser braucht sich zu schämen. *Positive Me-
thode!* Die Tendenz sammelt Menschen und entzweit sie
nicht. Es geht nur gegen das System, dem selbst der Haupt-
held nicht entgeht. Nur die Zustände sind vom Spott über-
schüttet. Brav, Zuckmayer. Braver kämpfender Menschen-
freund.
Und nun die Hauptfigur in diesem Volke von lebenden
Marionetten. Sie wandert von Szene zu Szene, als der Aus-

gestoßene aus dem System; der wider Willen fast zum
Raisoneur wird gegen Staat und Gott und – Uniform.
Sind alle übrigen 72 mehr oder weniger erfundene Mit-
spieler – er, Voigt, trägt Züge eines wirklichen Erden-
daseins: ein guter Mann; ein kluger Mann; ein unsteter
Mann; ein von der Not gerichteter Mann; und ohne Paß ein
Deplacierter. Für einen Schuster etwas zu weise, obschon
die deutschen Schuster von Hans Sachs bis Jakob Böhme
ihre geniale Note haben. Auch Voigt hat sie. Sein Gauner-
streich war genial als Willensstat und als Erfindung. Man
muß das Außerordentliche Zuckmayer schon glauben, weil
er es in die Welt der Uniformen vollkommen glaubhaft
eingefügt hat. Und wenn Voigt einem kranken Mädchen
aus Grimmschen Märchen vorliest, so ist es für die Wirklichkeit ein wenig zu poetisch; aber für den Mythos vom
Schuster Voigt ist's durchaus wahre Prosa: ›Komm mit‹,
sagte der Hahn, ›etwas Besseres als den Tod werden wir
überall finden.‹ Er sucht es in Köpenick – und findet den
Sieg über das System mit den Mitteln des Systems.

Selbst Majestät hat gelacht! sagen die Polizeiräte am
Alexanderplatz und bieten dem eben eingelieferten Herrn
Hauptmann Voigt Portwein und Schinkenbrote an. Doch
einmal nur vor Abgang in das wohlvertraute Gefängnis
will der Schuster sich als Hauptmann im Spiegel sehen,
wozu er beim Umkleiden in jenem Bahnhofsabort keine
Möglichkeit hatte. Der Spiegel wird gebracht. Der Schuster
sieht sich von Kopf zu Fuß auf falschen Hauptmann eingestellt. Falsch ist alles, zerschlissen, karikiert ... ›Unmöglich!‹ staunt Voigt über seine Erscheinung, mit der er die
Welt düpierte. ›Unmöglich!‹ lacht er. Und die von ihm
verlachte Welt der Uniform lacht mit ... Selbst Majestät
hat gelacht ...

Die Aufführung des Deutschen Theaters unter Hilperts
Regie erbrachte nicht den lautesten, aber den echtesten und
ehrlichsten Erfolg der ganzen Saison. Die Besetzung der
73 Figuren: ein Meisterwerk. Die Striche gut und in der
zweiten Hälfte noch vermehrbar. Werner Krauß als Voigt
packend vom ersten Blick in den Schneiderladen. Nicht
ganz im Temperament dem Vorbild adäquat. In Gang und
Wesen etwas zu weich; im Ausdruck etwas zu hart. Das
Gesicht mit bleicher Gespensterschminke beinah dämonisch.
Aber es entstand die Ahnung des historischen Köpenickers

und die Wirklichkeit eines Menschen. Gülstorff: vollendeter Bürgermeister mit und ohne Uniform; ein armes Opfer
seiner Situation. Seine Frau: Käthe Haack, im Potsdamer
Seelenstil von 1900. Paul Wagner ohne jede Charge im Ton
als Hauptmann Schlettow. Valentin als Schneider-Kom-
merzienrat. Kemp, Deppe, Mainzer, Lotte Stein außer-
ordentlich nach Maß des Spiels und Maske ... Zuckmayer,
der menschliche Satiriker, erschien. Er darf den Spielern
des deutschen Theaters danken. Aber die Spieler von ganz
Deutschland dürfen dem Zuckmayer auf den Knien danken
für ein dauerhaftes Repertoire-Stück – mit dreiundsiebzig
Rollen.

(Frankfurter Zeitung, 8. 3. 1931. Zitiert nach:
Günther Rühle: Theater für die Republik.
1917–1933. Im Spiegel der Kritik. Frankfurt
a. M.: S. Fischer 1967. S. 1079–82)

Willy H a a s (1891–1973) kritisierte den fehlenden politischen Gehalt des Stückes:

»Die beiden Affären von Zabern und Köpenick hätten ein
Menetekel für Wilhelm II. sein können. Man datiert die
Erschütterung seiner persönlichen Autorität im Allgemeinen
von der Daily-Telegraph-Affäre. Aber in der Erinnerung
der Mitlebenden ist Köpenick der weitaus stärkere Eindruck. Seit Köpenick wußte die damals bei uns ausschlag-
gebende Schicht, der gebildete Mittelstand, daß das Ausland recht hatte, daß es nicht bloß Verleumdung war, wenn
Paris und London behaupten, das Personalregime des
Kaisers, dem das straff organisierte Heer zur Verfügung
stand, sei eine vollkommen ausgebildete Nebenregierung
neben dem legitimen scheinkonstitutionellen Regime, und
im Entscheidungsfall die weitaus stärkere. Mit Köpenick
war der gebildete Mittelstand für Wilhelm verloren.
Köpenick zerstörte die Bindung des Mittelstandes an den
Thron, das mühevolle innenpolitische Meisterstück Bismarcks. Es war ein Politikum allerersten Ranges.
Charakteristisch, daß heute, in der Republik, über diese
politische Seite nicht gesprochen werden darf. Man ver-
gleiche etwa den ›Simplizissimus‹ aus der Köpenick-Zeit
mit diesem Stück von Zuckmayer, und man hat den Unterschied zweier Epochen. Oder auch nur die Pressestimmen
aus braven bürgerlichen Berliner Blättern vom Oktober

1906, die das Theaterprogramm reproduziert. Hier war der Kern einer wirklich großen politischen Komödie, die Zuckmayer wohlweislich ungeschrieben ließ. – Zuckmayer (dem schon Wilhelm Schäfers Roman vorausging) schildert eine Art Michael Kohlhaas des vierten Standes, einen Kampf ums Recht, der, nach dem lateinischen Sprichwort, ›die Mächte der Tiefe‹ in Bewegung setzt, weil er die Götter – nämlich die preußischen Ortsbehörden – nicht dazu bringen kann, dem Schuster Wilhelm Voigt seinen ihm zustehenden Paß und Aufenthaltsbewilligung und damit ein ordnungsgemäßes Leben im königlichen ordentlichen Preußen zu bewilligen. Das ist nun echt zuckmayerisch behandelt, mit Talent, mit urwüchsigem Humor, mit einem bißchen Kitsch und Rührung, und mit einer gutgespielten politischen Neutralität, gewissermaßen: halb Freude an des Kaisers buntem Rock und halb lächelnde Ermahnung an die Reservisten und Zivilisten, doch diesen Kult des bunten Rockes nicht zu weit zu treiben und ihn selbst – den bunten Rock – dadurch zu kompromittieren. Jedenfalls ein Dementi der allgemeinen linkspublizistischen Meinung um die Zeit der ›Affäre‹, daß wir einem neuen Jena zusteuern. So schlimm war es nicht, beschwichtigt Zuckmayer 1931 – mehr ein Spaß war es. Um uns das zu sagen, setzt sich 1931 ein wirklich talentierter Literat hin. Berechnung und echtes Talent wirken merkwürdig durcheinander – aber es wird ein großer Erfolg.«

(Die literarische Welt. 7. Jg., 1931. Nr. 11. S. 7)

Der einflußreiche Kritiker Herbert J h e r i n g (1888 bis 1977), der zu den Förderern des jungen Zuckmayer zählte, lobte die dramatische Qualität des Stücks, vermißte jedoch eine durchgehaltene politische Konzeption:

»Im Parkett dieser Premiere eine Unzahl Filmleute, von Erich Pommer bis Dupont, Zelnik und Zickel. Alle auf der Jagd nach Tonfilmthemen. Alle beobachtend, wie das Publikum und worauf es reagiert. Wahrhaftig, der ungewöhnliche Erfolg dieses Abends ist schon als Tatsache interessant genug. [...] Dieser Streich, der das Gelächter der ganzen Welt erregte, war ein politisches Ereignis erster Ordnung. Der Possenstreich schied die Geister. Die einen fanden den Militarismus blamiert und wiesen auf die Un-

möglichkeit einer Militärstrafprozeßordnung hin, in der es
hieß: ›Bei einem im Offiziersrange stehenden und in ent-
sprechender Uniform befindlichen Angehörigen der bewaff-
neten Macht ist die Annahme ausgeschlossen, daß er der
Flucht verdächtig sei und nicht sofort festgestellt werden
könnte, es sei denn, daß er bei Begehung eines Verbrechens
auf frischer Tat betroffen und verfolgt wird.‹ Die andern
wollten darin nur eine gewöhnliche Gaunerei ohne die
Kraft der politischen Satire sehen. Deutschland lachte
links. Deutschland lachte rechts. Aber es zerfiel in zwei
Lager.

Wenn dieser Stoff – und er ist ein ausgezeichneter Komö-
dienstoff – heute dargestellt wird, so liegt die Wirkung auf
zwei Seiten. Einmal wirkt der wilhelminische Militarismus,
dessen Wiedergabe zur Erklärung des Falles nicht umgan-
gen werden kann, durch sich selbst, durch die Uniformen,
durch die Musik, durch die Buntheit, durch den Jargon. Er
wirkt als Wunsch oder Erinnerungsbild. Zweitens wirkt er
als Witz, als Satire. Aber die Bejahung (durch die sinnliche
Attraktion des ›bunten Rocks‹) und die Verneinung (durch
die Situationskomik), beides geht so ineinander, daß das
Publikum sich nicht einmal klar wird, wann es auf das
eine oder auf das andere reagiert. Das sind die primitivsten
Erfolgschancen, die schon das Thema bietet, die es besonders dann bietet, wenn es nur farbig und menschlich dargestellt wird.

Zuckmayer wählt diesen Weg. ›Der Hauptmann von Köpenick‹ ist vom Standpunkt der Bühnenwirkung und der
Rollen sein bestes Stück geworden. Er gibt in einer Unzahl
von saftigen und knappen Szenen ein Bild des bürgerlichen,
militärischen kaiserlichen Deutschland, mit einem Witz, der
fast immer aus der Anschauung kommt. Der Humor wurzelt im Dialekt. Zuckmayer hört, sieht, gestaltet. Eine Fülle
von Menschen, eine Fülle von Rollen. Diese Rollenwelt
zerfällt dramaturgisch in die Geschichte des Schusters Wilhelm Voigt, der auf der Suche nach Aufenthaltsbewilligung
und Paß von Zuchthaus zu Zuchthaus wandert, und in die
Geschichte einer Uniform, die bis zum Trödelladen in der
Grenadierstraße herunterkommt.

Ein ›deutsches Märchen‹ sollte entstehen, weil alles nicht
mehr wahr ist. Wirklich? Es stimmt mit dem Märchen
weder bei Zuckmayer noch in der Wirklichkeit.

Zuckmayer erzählt eine saftige Geschichte, eine amüsante
Anekdotensammlung um den Hauptmann von Köpenick.
Sehen wir uns die Bestandteile seiner Geschichte und seines
Witzes an. Da sind die köstlichen Szenen des Bürgermeisters von Köpenick, dem die Reserveoffiziersuniform zu
eng geworden ist. Man lacht. Worüber? Über den streber-
haften Ehrgeiz einer Schicht oder über den Abstand zwischen Zivil und Militär? Diesen Humor gab es früher in
jedem Militärschwank. Aber man lachte nicht über eine
Satire, sondern über die Unzulänglichkeit des Zivils. Auf
dieser bedenklichen Grenze balanciert das Stück. Im
Grunde ist der Offizier, der wegen eines Skandals im Café
National seinen Abschied nehmen muß, viel sympathischer
als seine ganze Umgebung. Jede Figur hat ihren Humor für
sich. Aber es fehlt die geistige Ordnung, in der sich alles
abspielt.
Das ist entscheidend. Keine Mißverständnisse: Es ist gut,
daß der ›Hauptmann von Köpenick‹ kein starres Tendenz-
stück geworden ist, daß er ›Kunst‹ sein wollte. Aber Kunst
kann nur auf dem Boden einer Weltanschauung, einer Welt-
einstellung bestehen. Die Ordnung vermisse ich. Gut: Zuckmayer betrachtet die Welt, er zeichnet sie. Aber ich sehe
nicht den festen Punkt, von dem aus er betrachtet. Er
wechselt, er ist verliebt in seine Personen. Er lenkt nicht
den Geist des Zuschauers dahin, von wo aus er betrachten
soll. So kann der eine den Militärschwank, der andere eine
leichte soziale Anklage, der dritte die Satire sehen. Zuckmayer zieht seine Wirkung sowohl aus ›Drei Tage Mittel-
arrest‹ wie aus dem ›Biberpelz‹. Zwischen diesen Polen
schwankt das Stück. Es gab vor dem Kriege einen Schwank
›Husarenfieber‹. Dieser heißt: Uniformfieber.
Die Vorstellung war bester Hilpert. Knapp, schnell, saftig,
gesund, gegenständlich. Hier ist der unproblematische Hilpert zu Hause. Hier führt er die Schauspieler ausgezeichnet, von Paul Wagner als Hauptmann bis Paul Kemp als
Uniformschneider, von Hermann Vallentin bis Hans Deppe,
von Käthe Haack bis Lotte Stein, von Franz Nicklisch bis
Arthur Mainzer (köstlich!), von Friedrich Ettel bis Wolfgang Fróes, von Hans Halden bis Eduard von Winterstein,
von Friedrich Kalnberg bis Annemarie Seidel, von Martin
Wolfgang bis Jakob Sinn.
Himmlisch Gülstorff als Bürgermeister von Köpenick, ein

liebenswert rührender Kleinbürger in Uniform. Ungewöhnlich Werner Krauß als Wilhelm Voigt. Es stellte sich schon
bei dem ersten Erscheinen von Werner Krauß heraus, daß
die ursprünglich geplante Besetzung mit Adalbert oder
Carow grundfalsch gewesen wäre. Bei dieser Vielheit kleiner Szenenbilder mußte die Hauptrolle von einem zusam-
menfassenden Darsteller gespielt werden. Aber Werner
Krauß tat mehr. Er dichtete die Gestalt weiter. Er spielte
ein Volksgenie. Unglaublich, wie er wieder aussah. Eine
unheimliche Ähnlichkeit mit dem Voigt der Geschichte.
Ein kleiner Mann, ein unbedeutender Mann, aber ein Spin-
tisierer, einer, dem die Zuchthausjahre nach innen geschlagen waren. Der Hauptmann von Köpenick ist kein Mär-
chenstoff. Krauß spielte das Märchen und die Satire und
das Volksstück. Er steht vor einer neuen Entwicklung. Er
hat seine Starre überwunden.
Die Bühnenbilder von Ernst Schütte geben eine Muster-
sammlung wilhelminischer Zimmereinrichtungen und Büros.
Sehr gut.«

(Berliner Börsen-Courier, 6. 3. 1931. Zitiert
nach Rühle, S. 1077–79)

Alfred Kerr (1867–1948), dessen Name in dem Stück
einmal genannt wird (I, 7), war während des Kaiserreichs
und der Weimarer Republik einer der bekanntesten und
eigenwilligsten deutschen Theaterkritiker. Er verglich in
seiner Kritik Werner Krauß und Max Adalbert, der erste-
rem in der Titelrolle folgte:

Der Hauptmann von Köpenick

I

Als Zuckmayers Hauptmann ist Werner Krauß in zwei
Punkten sehr stark: er bringt in scharf-maßvoller Zeich-
nung eine Gestalt so, daß man sie fortträgt im Gedächtnis –
wie ein Bild mit festem Umriß; mit bleibendem Ausdruck.
Beinah schon wie eine Bildsäule; das Gesicht, bei allem
volksmäßig Äußeren, fast unverrückbar. Krauß gibt etwas
wie ... den Extrakt von dem Schuster-Offizier.
Sein zweiter Vorzug: die Sprachbehandlung; die steigernde
Gliederung in so einer Tiradenwendung, wie der von der
»Fußmatte«. (Adalbert nuschelt mehr.)

II

Adalbert hinterläßt nichts von Festumrissenem. Nichts von
einer volkstümlich denkwürdigen Bildsäule.
Sondern aus ihm schießen (trotz ebenfalls bewahrtem
Gleichmut) ... aus ihm schießen, flitzen, fast hätte ich gesagt: leuchten viel näher zu einem betrachtenden Men-
schenauge, viel wärmer zu einer aufgerissenen Empfindung,
fern immerhin von Rührsamkeit ...

III

Wollte sagen: schießen und schwirren gewisse wärmere
Strömungen zu dem (entschuldigen!) Seelensitz ... von
einem durch die Justizpflege zum Letzten gezwungenen
Zaungast des Daseins. – Das ist es.
Dem Kraußschen Voigt will man beistimmen und etwas
zurufen; dem Adalbertschen will man helfen ... Von Her-
zen helfen –, weil man ihm beistimmt.
So liegt der Fall.
Ansonst: »Freut euch, daß wir zwei solche Kerle haben.«

IV

Im ersten Teil stirbt man vor Lachen. Im zweiten merkt
mancher, daß er noch lebt.
Technisch gesprochen (sogar ethisch gesprochen): im ersten
Teil ist jedes Aktl so schlagend-prall durchgearbeitet; jedes
ein so für sich ausgefülltes Spaßspielchen: daß der An-
blickende froh ist, einen theaterhaften Handwerker vor
sich zu sehn.
Das ist ein süddeutscher Kerl, unbekümmert um Theoreme
von Nichtfachleuten ... Fern von allem, was ich vor Jahr-
zehnten »Psychoschmonzes« getauft habe. (Was dennoch,
siehe Hebbel, wegweisend sein kann.) Kurz: ein Sorglos-
Blühender, mit allen Anforderungen des Betriebs vertraut.
Zuckzuckmayer.

V

Ich wünsche mir ... mehr von seiner Art. Er verwechselt
leider »dichterisch« mit »sentimental«. Das kranke Mäd--
chen wirkt furchtbar.

VI

Aber wie soll man's ihm recht machen? Allen Zuckmayern
gilt es ... die heute selten sind. Knüpft er nicht an Ver-

gangenes an, so sagt jeder: er hat keine Tradition. Knüpft er jedoch an, sagt man: er übernimmt! (In des »Knaben Wunderhorn« heißt es noch immer: »Wo soll ich mich hinkehren, ich armes Brüderlein?«)
Belichtet ein Dramatiker beide Seiten, so heißt es: er schmeichelt dem Parkett; er will Tantieme von rechts wie von links.
(Zuckzuckmayer! Zuckzuckmayer!)
Belichtet er jedoch nur eine Seite (o schwaches Zeitstück!): so wird es ein vollkommener Stumpfsinn.
Wo soll er sich hinkehren, der arme Brüderlein!

VII

Saftig heiteres Lebensstück! Mehr Zeitstück als die Zeitstücke. »Wer deutet mir die bunt-verworrene Welt?« raunte raunzend F. Grillparzer. (Ich habe sonst keine Beziehungen zu ihm.)

VIII

Aber wer schreibt mir ein Stück der deutschen Geschichte; der übel erprobten tausendjährigen Vergangenheit ... das vielleicht ihr abzuhelfen vermag?
Heute das Schauspiel einer Republik ..., die mit sehenden Augen alles zuläßt, was auf ihren Sturz gerichtet ist?
Und die nicht eingreift.
Wer schreibt es, ... wenn auch zu spät???

(Kerr: Die Welt im Drama. Hrsg. von Gerhard F. Hering. Köln u. Berlin: Kiepenheuer & Witsch 1954. S. 193–195)

Weitere Kritiken der Uraufführung und anderer Aufführungen aus dem Jahre 1931

Düsel, Friedrich: Dramatische Rundschau. In: Westermanns Monatshefte 75 (Mai 1931) S. 280 f. (m. Abb.).

Engel, Fritz: ›Der Hauptmann von Köpenick‹. In: Berliner Tageblatt, 6. 3. 1931, Abendausgabe.

Heilborn, Ernst: ›Der Hauptmann von Köpenick‹ von Carl Zuckmayer (Uraufführung im Deutschen Theater am 5. März 1931). In: Die Literatur 33 (1931) S. 455 (m. Abb.).

Ihlenfeld, Kurt: Dreimal Hauptmann von Köpenick. Schäfer, Zuckmayer, Voigt. In: Eckart 7 (1931) S. 442–445.

Jacobs, Monty: Zuckmayers ›Hauptmann von Köpenick‹. In: Vossische Zeitung, 7. 3. 1931.

Jhering, Herbert: Adalbert als Hauptmann von Köpenick. In: Berliner Börsen-Courier, 2. 6. 1931.

Kienscherf, O.: Carl Zuckmayer, ›Der Hauptmann von Köpenick‹ (Erstaufführung im Nationaltheater). In: Neue Mannheimer Zeitung, 17. u. 20. 4. 1931.

Knevels, Wilhelm: ›Der Hauptmann von Köpenick‹. In: Geisteskampf der Gegenwart (1931) S. 46.

Marcuse, Ludwig: [Carl Zuckmayer, ›Der Hauptmann von Köpenick‹]. In: Frankfurter Generalanzeiger, 7. 3. 1931.

Polgar, Alfred: ›Der Hauptmann von Köpenick‹. In: Weltbühne, 27 (11), 17. 3. 1931, S. 396 f.

Schneider, Walther: Aktion in Köpenick. Vossische Zeitung, Berlin, 31. 3. 1931.

Servaes, F.: Zuckmayers ›Hauptmann von Köpenick‹; Uraufführung in Berlin. In: Leipziger Neuste Nachrichten, 10. 3. 1931.

Carl Zuckmayer. ›Der Hauptmann von Köpenick‹ (Pressestimmen über die Uraufführung). In: Das deutsche Drama in Geschichte und Gegenwart 3 (1931). Berlin: Heyer 1931. S. 265–268.

Ein deutsches Märchen (Carl Zuckmayer: ›Der Hauptmann von Köpenick‹). In: Kunst und Kritik 50 (1931) S. 1–4.

Eine Gestalt neunmal gestaltet: ›Der Hauptmann von Köpenick‹ auf den Bühnen Deutschlands und Österreichs (Photos). In: Vossische Zeitung, Berlin, 28. 6. 1931. Beilage ›Zeitbilder‹, S. 6.

›Der Hauptmann von Köpenick‹. In: Die Deutsche Bühne 23 (März 1931) H. 4, S. 78.

›Der Hauptmann von Köpenick‹ (Berliner Theater). In: Deutsche Rundschau 57 (April 1931) S. 88 f.

›Der Hauptmann von Köpenick‹ (Erstaufführung in Darmstadt). In: Volksstimme, Frankfurt a. M., 18. 4. 1931.

IV. Analysen und Interpretationen

Eine der umfangreichsten Gesamtdarstellungen des Werkes von Carl Zuckmayer stammt von dem marxistischen Literaturwissenschaftler Wilfried Adling. Er untersucht u. a., welche politischen Richtungen und gesellschaftlichen Schichten in dem Stück auf welche Weise dargestellt werden:

»Zuckmayer scheint auf dem Wege, ein realistisches Bild der Stützen des Wilhelminischen Systems zu geben:
Diese drei Personen vertreten – ihrer sozialen Stellung oder zumindest ihrer Gesinnung nach – in der Tat jene gesellschaftlichen Klassen und Schichten, auf deren Existenz sich das preußisch-deutsche Kaiserreich vor allem stützen konnte: das preußische Junkertum mit seinen militaristischen Traditionen (von Schlettow), das kompromißlerische liberale Bürgertum (Dr. Obermüller) und die bürgerlich-imperialistischen Kreise (Wormser). Im Verlauf der Handlung stößt ausgerechnet Schlettow und Obermüller ein Mißgeschick zu, während es Wormser – obgleich er nur drei Semester Jura studiert hat – bis zum wohlhabenden Kommerzienrat bringt und alle Aussicht besitzt, einen adligen Rittmeister (von Schleinitz) zum Schwiegersohn zu bekommen.
Diese Vorgänge spiegeln – wenn auch nur andeutungsweise und im kleinen – eine Entwicklung wider, die tatsächlich für die Ära Wilhelms II. charakteristisch ist: die imperialistisch gewordene deutsche Bourgeoisie verstärkt ihren Einfluß gewaltig und verbindet sich dabei immer enger mit den preußisch-militaristischen Großagrariern. Es entsteht der spezifisch preußisch-deutsche, junkerlich-bourgeoise, besonders aggressive Imperialismus. Er, und nicht das ›reine‹ Junkertum oder gar der schwache nachrevolutionär-bürgerliche Liberalismus, übt die Macht im Staate aus.
Leider nützt Zuckmayer all diese Ansätze zu einer realistischen Darstellung der ›oberen Kreise‹ des Wilhelminischen Systems gestalterisch nicht voll aus.
Herr von Schlettow ist dermaßen versessen auf seine Prinzipien, daß er selbst in Zivilkleidung nicht mit ansehen

kann, wie ein betrunkener Grenadier die ›Ehre‹ der preußischen Uniform ›beschmutzt‹. Er läßt sich in einen
schließlich handgreiflichen Streit ein, bei dem er als Zivilist
den Kürzeren zieht, und muß daher den Dienst quittieren.
Seine eigenen Prinzipien richten sich gegen ihn, obgleich er
sie vertreten wollte.
Diese verdächtige Starrheit der preußischen Militärgesetz-
gebung könnte ihm wenigstens zu denken geben. Sein Bur-
sche Deltzeit begreift sie jedenfalls nicht, und der Schnei-
dergeselle Wabschke meint gar, das Militär sei ›nu wirklich
nich det einzige uff de Welt‹. Schlettow indessen glaubt:
›Unglück is auch 'n Versagen‹ und trauert so borniert wie
vorher seinem ›Dienst‹ nach: (über Wabschke) ›Vielleicht
– vielleicht hat er recht – Nee, pfui!‹
Zuckmayer aber läßt das Publikum von ihm Abschied nehmen wie von einem ›Opfer des Systems‹. Welche ›Tragik‹,
daß der Hauptmann gerade in dem Augenblick die lang er-
sehnte neue Gardeuniform erhält, als er sie nicht mehr tragen darf! Wie ›nimmt es mit‹, wenn Schlettow wenigstens
probeweise noch einmal in den ›bunten Rock‹ hinein-
schlüpft, um ihn dann ›mit erzwungener Heiterkeit‹ für
immer auszuziehen! Wabschke tröstet den Hauptmann ›fast
zart, behutsam‹, und Deltzeit kommen gar die Tränen:
(schluckend) ›Härr Hauptmann warren immer so gut –‹
(5. Szene)!
Die gefährlich beschränkte Subalternität jedoch, die Schlet-
tows Verhalten ausdrückt, wird durch diese Sentimentalität
nicht entlarvt, sondern mit einem gänzlich unpassenden
Nimbus umgeben.
Auch Dr. Obermüller erlebt Vorgänge, die seine Vorstellungen ›von angewandter Demokratie‹ eigentlich desillusio-
nieren müßten. Obgleich er sich keiner Schuld bewußt ist,
soll er verhaftet werden. Er protestiert: ›Herr Hauptmann, Ihr Vorgehen wird nicht ohne parlamentarische Folgen bleiben . . .‹ Aber er ›fügt‹ sich nicht nur ›der Gewalt‹;
gemäß seinen ›Idealen‹ nimmt er sogar den Hauptmann in
Schutz (›Der Mann tut nur seine Pflicht, hat einfach Befehl‹) und bedankt sich noch bei ihm: ›Ich werde Ihr kor-
rektes Verhalten bei geeigneter Gelegenheit erwähnen.‹ Daß
er einem falschen Hauptmann gehorcht, der noch dazu eine
Uniform trägt, die ihm einst selbst gehört hat, merkt dieser
liberale Untertan nicht (19. Szene).

So glänzend jedoch damit einerseits der faule Kompromiß der liberalen Kreise entlarvt wird – andererseits fragt man sich: Bleibt denn dem Bürgermeister, der allein und überrumpelt gleichsam dem System gegenübersteht, überhaupt ein anderer Weg, als sich einigermaßen gefaßt unter Ablehnung jeglicher Verantwortung abführen zu lassen? Selbst Voigt nimmt ihn ja in Schutz, als ein Kriminalbeamter Obermüller einen ›Trottel‹ schimpft: ›Sagense det nich, Herr Direktor! Der Mann is gar nich so uneben. Det wär Ihnen jenau so ergangen – det liecht in der Natur der Sache.‹ – Die *weitere* Entwicklung Obermüllers aber, vor allem seine Reaktion auf die Nachricht, daß er einem falschen Offizier gehorcht hat, wird nicht gezeigt.

Soll man den liberalen Kompromißler auslachen oder als ›idealistisches Opfer des Systems‹ werten? Bei dieser entschärfenden Frage endet Zuckmayers Auseinandersetzung mit jenem schäbigen bürgerlich-liberalen Kompromißlertum, das einer der wichtigsten Steigbügelhalter Wilhelms II. gewesen ist.

Unter diesen Umständen trifft harte Kritik nur Adolf Wormser. Der aber ist ausgerechnet *Jude*.

Nun hat allerdings Carlo Mierendorff 1922 die polemische Schrift ›Arisches Kaisertum oder Juden-Republik‹ veröffentlicht, in der er die These nationalistischer Rassentheoretiker ad absurdum führt, das preußisch-deutsche Kaiserreich sei ein Musterbeispiel ›arischer‹ Reinheit gewesen und habe deshalb viel mehr Vorzüge als die Weimarer ›Juden‹-Republik. Zuckmayers Freund weist u. a. an Beispielen nach, daß diese These schon deshalb nicht stimmt, weil die Vertreter des Wilhelminischen Reiches (angefangen bei der kaiserlichen Familie) alles andere als ›arisch‹-rein gewesen seien. Es darf angenommen werden, daß Zuckmayer mit der Zeichnung Wormsers Mierendorffs Auffassung unterstützen will. Er hebt ja ausdrücklich hervor, daß sogar ›die kaiserlichen Prinzen‹ bei Wormser kaufen.

Er hat es aber 1930/31 nicht mehr – wie Mierendorff 1922 – vorwiegend mit ›arischen‹ Konservativen zu tun, die zurück zum Kaiserreich wollen. Seine Gegner sind vor allem die Nationalsozialisten, die demagogisch behaupten, etwas ›völlig Neues‹ zu schaffen, und denen Sticheleien gegen die Konservativen nicht weiter gefährlich sind.

Vielmehr besteht die Gefahr, daß Zuckmayers besonders

scharfe Kritik am imperialistischen Bürger Wormser aufge-
faßt wird als besonders scharfe Kritik am *Juden* Wormser
und damit – entgegen der Absicht des Autors – zugunsten
der Nazi-Propaganda. Die 15. Szene, in der sich Zuckmayer über den feilschenden Juden Krakauer – wenn auch
gutmütig – lustig macht, verringert diese Gefahr keineswegs.
Die kritisch-realistische Darstellung leidet in all diesen Fällen darunter, daß der Autor nicht in die Tiefe der histo-
risch-politischen Problematik zu dringen vermag, die sein
Stoff enthält. Es ist nicht angebracht, ihm vorzuwerfen,
daß Schlettow und Obermüller lebendige Menschen und
keine satirischen Karikaturen sind. Aber man muß mit ihm
rechten, wenn er darüber weitgehend die gefährlichen
politischen Rollen vergißt, die das borniere preußisch-
militaristische Junkertum und die nachrevolutionären bürgerlich-liberalen Kompromißler objektiv-historisch gespielt
haben. Man kann ihm ebenfalls nicht seine scharfe Kritik
an Adolf Wormser schlechthin ankreiden, wohl aber, daß
er unbedacht die antifaschistische Richtung seiner Kritik
verzerrt, indem er Wormser zum Juden macht.«

(Adling: Die Entwicklung des Dramatikers
Carl Zuckmayer. In: Schriften zur Theaterwissenschaft, hrsg. von der Theaterhochschule
Leipzig, Bd. I. Berlin: Henschel 1959. S. 110
bis 113)

Die Interpretation von Wolfgang P a u l s e n (geb. 1910)
ist charakteristisch für die Haltung, die die Germanistik
nach dem Zweiten Weltkrieg gegenüber dem Verhältnis
von Literatur und Politik einnimmt:

»Wir wollen nicht bestreiten, daß der Dichter hier eine
dramatische Fabel geschaffen hat, die nicht nur aus dem
Leben geschöpft ist, sondern über den kritisch ins Auge
gefaßten historischen Vorfall hinaus auch auf ähnliche
›Zustände‹ anwendbar bleibt. Trotzdem genügt es nicht,
dieses Stück einfach als Zeitsatire zu verstehen, zumal es
ja gar nicht einmal so sicher ist, daß die da verlachten ›Zustände‹ so unbedingt als ausschließlich deutsche zu gelten
haben. Auch der ›Hauptmann von Köpenick‹ muß zunächst von der Person des Helden her gedeutet werden.
Was hier problematisch wird und was uns erschüttert, ist

die Existenz dieses Mannes als solche: der Heimatlose als
der Mann ohne Paß. Aus dieser Ursituation heraus ergeben
sich alle Vorgänge auf der Bühne. Auch Wilhelm Voigt
handelt weniger, als daß mit ihm gehandelt wird, ist blin-
des Spielzeug in der Hand eines Schicksals, das hier durch
die politische Maschine Preußens verkörpert wird, aber
durchaus auch andere Verkörperungen zuläßt. Der Heimat-
und Paßlose wird nie wissen, was mit ihm geschieht, und
wenn er am Ende über sich und die anderen in homerisches
Gelächter ausbricht, hat er für sich die einzig mögliche
Lösung gefunden. Man könnte sogar so weit gehen zu
sagen, daß Voigts (oder Zuckmayers) Kritik an der Gesellschaft die Dinge auf ungebührliche Weise vereinfache, da
die Repräsentanten der Ordnung (des Staates) samt und
sonders Strohpuppen sind, Abstraktionen, die wir nur im
momentanen Gelächter, daß heißt in der Komödie, so, wie
sie sind, hinnehmen werden. Geht es aber wirklich um
Voigts Auseinandersetzung mit diesen bürgerlichen Attrap-
pen? Es ist gar nicht so sicher, daß er noch im Recht wäre,
wenn ihm irgendwo ein gleichwertiger Charakter gegen-
überstünde. Die politische Problematik erweist sich doch
wohl als das Schwächste an dem Stück und bleibt im
Grunde eine Erscheinung am Rande. Man denke nur an
den Zuchthausdirektor im 2. Akt: Eine höchst wirkungs-
volle Szene spielt sich da ab, aber von ernsthafter Kritik an
Zuständen in deutschen Zuchthäusern kann hier doch nicht
die Rede sein. Oder die Szene zwischen Voigt und seinem
Schwager Hoprecht, ziemlich genau im Zentrum des
Stückes: Der wirkliche Gewinn für Voigt bleibt in seinem
Innern verschlossen, selbst ihm wahrscheinlich gar nicht
faßbar, und alles andere ist Episode, die kommt und geht.
Interessieren wir uns überhaupt für die Mentalität dieses
peinlichen (sehr Hauptmannschen) Kleinbürgers Hoprecht?
Und schließlich die Szene mit dem namenlosen kranken
Mädchen, das da Hanneles Himmelfahrt noch einmal erlebt, – alles das sind Episoden in einer Biographie und nur
in diesem allgemeinen Zusammenhang gültig.
Wilhelm Voigt ist nämlich gar nicht nur der Underdog, der
hilflose Einzelne, obgleich er das natürlich auch ist, denn
der ›Hauptmann von Köpenick‹ erlaubt, da er Dichtung
und nicht bloß Theaterstück ist, verschiedene Gesichtspunkte. Er ist nicht eindeutig wie eine politische Abhand-

lung. Im Gegenteil, Wilhelm Voigt packt uns als Mensch,
weil er so offensichtlich der Stärkere ist und wir uns da-
gegen wehren, daß eine werthaltige Einheit mechanisch zer-
rieben werden kann. Er ist Volk wie Katharina Knie, Klär-
chen Gunderloch, Schinderhannes, Barbara Blomberg oder
Ulla Winblad – ganz zu schweigen von der Fülle von
Nebenfiguren von gleichem Schrot und Korn, die sich in
Zuckmayers Stücken jeweils um die Helden gruppieren.
Ein Mensch von ergreifender Unmittelbarkeit, ein Stück
Natur, ungeschlacht, aber unter der äußeren Hülle doch
unendlich zart.
Die dramatische Spannung, von der das Stück lebt, ist also
nicht im Politischen zu suchen, sondern im Ästhetischen, in
der dichterischen Struktur selbst. Denn während Wilhelm
Voigt vor unseren Augen die Bühne so lapidar mit seiner
berlinerischen Menschlichkeit erfüllt, geistert hinter ihm die
leere Uniform, auf die er zu Anfang schon aufmerksam
geworden war, um sie am Ende wirklich zu tragen. Sie ist
da, sichtbar oder unsichtbar, und zwar nicht nur als Symbol für das Un-Menschliche, Leere, Mechanische – den
Militarismus etwa –, sondern gleichzeitig in einer für ihn
selbst noch viel tieferen Funktion als die große Versuchung,
der Dämon, der Mephisto des armen Mannes, und das
heißt: doch wieder als etwas höchst Menschliches.«

(Paulsen: Carl Zuckmayer. In: Deutsche Lite-
ratur im 20. Jahrhundert. Hrsg. von Otto
Mann u. Wolfgang Rothe. Bd. 2 Gestalten.
Bern u. München: Francke ⁵1967. S. 346–348)

✗ A d l i n g über die Uniform als Symbol:

»So entsteht ein Bild vom Wilhelminischen Reich, das dessen Wesen nur oberflächlich und verzerrt wiedergibt: Es ist
kein Zufall, wenn über Obermüllers Schreibtisch die Bilder
Bismarcks und Schopenhauers hängen, während Wormser
vom ›Stil, Geist und Schwung‹ Wilhelms II. schwärmt. Es
kennzeichnet vielmehr, worauf es Zuckmayers Kritik besonders ankommt: nämlich auf das Oberflächliche, Geistlose, nur äußerlich Glänzende der Ära Wilhelms II.
Bismarck und Schopenhauer aber verlieren Ende des
19. Jahrhunderts ihren Einfluß nicht deshalb, weil anstelle
diplomatischer Klugheit und geistvoller Philosophie die
geistlose Prunksucht Wilhelms II. Platz greift. Sie werden

unzeitgemäß, weil ihre diplomatische oder philosophische
›Mäßigung‹ dem inzwischen herangewachsenen aggressiven
deutschen Imperialismus weniger entspricht als die Prahle-
reien des Monarchen. Nietzsches beginnende Wirkung in
dieser Periode rührt nicht daher, daß er weniger ›geistvoll‹,
sondern (im imperialistischen Sinne) *aggressiver* auftritt als
Schopenhauer. Außerdem haben auch Bismarck und Schopenhauer nicht wenige Voraussetzungen für das Entstehen
des junkerlich-bourgeoisen Imperialismus geschaffen: Bismarck vor allem durch die Reichsgründung und den Beginn
der Kolonialpolitik, Schopenhauer durch seinen philosophischen Pessimismus, dessen soziale Funktion darin bestand,
dem deutschen Bürgertum nach 1848 die ›Sinnlosigkeit
eines jeden politischen Handelns‹* zu bestätigen.
Begriffe, wie ›leere Oberflächlichkeit‹, ›äußerliches Er-
folgsstreben‹, ›geistlose Prahlsucht‹, können also das Wesen
des Wilhelminischen Reiches nur oberflächlich und verzerrt
widerspiegeln. Sie beeinflussen aber gerade jene bedeutende
Rolle, die Zuckmayer der Uniform als Symbol für das
preußisch-deutsche Kaiserreich zubilligt. [...]
Zuckmayer verfällt im Gegenteil selber jener ›Fetischisie-
rung‹, die er bekämpfen will. Er wendet sich gegen den
Fetisch Uniform; das Erfassen der gesellschaftlichen Kräfte
aber, die diesen Fetisch erst aufgebracht haben und hoch-
halten, vernachlässigt er darüber.
So entsteht nicht nur der Eindruck, als komme Wormser
gerade deshalb in Zuckmayers Beurteilung besonders
schlecht weg, weil er Hersteller und Verkäufer von Uniformen ist; Zuckmayer gerät vor allem in die groteske Situation, gleichsam in einem Atem die Uniformierung zu bekämpfen, die militaristisch-junkerlichen Offiziere aber sympathisch zu zeigen.
Jene ›mit vollendeter Sicherheit und nobler Haltung‹ ge-
sprochene, aber durch ›völlige Wirrnis‹ ihrer Sätze ausgezeichnete Festrede Rittmeisters von Schleinitz, mit der die
Uniformierung karikiert werden soll, steht am *Anfang* der
13. Szene. Alle *weiteren* Handlungen des Offiziers nehmen
das Publikum für ihn ein. Den Lobhudeleien der anderen
hält er entgegen, er sei ›ja schließlich 'n Reiter und kein
Redner...‹ Ebenso freimütig bekennt er ›mit feinem

---

* Georg Lukács, Die Zerstörung der Vernunft; Aufbau Berlin 1954, S. 165.

Lächeln‹ seine Schulden. Man freut sich geradezu, wenn man am Ende erfährt, daß ›dieser großartige Mensch‹ der ›zweitbeste Reiter in der Armee‹ ist und sogar von ›Majestät ... 'n Orden gekriegt‹ hat.

Der Autor leitet also gleichsam von der Karikierung der Uniformierung über zur Glorifizierung des Offiziers. Hinsichtlich der Kritik der Uniformierung aber hält er sich schadlos an Auguste und Willy Wormser. Beide, die beschwipste preußische Amazone und der untertänige Jüngling, verdienen zwar diese Kritik. Da sie aber selbst in Uniform nicht die ›hoffnungslosen Zivilisten‹ verleugnen können, erhöht die Kritik an der Uniformierung von Zivilisten zugleich die Glorifizierung des ›echten‹ Offiziers.

Gerade bei dieser Szene glaubt man, der Autor beurteile seine Personen so, als sitze er selbst mit der Gesinnung eines Angehörigen der Potsdamer Hautevolee in Dressels Festsaal. Man meint fast, er spreche nicht vom Krieg, weil gutsituierte Potsdamer Bürger 1906 wirklich an den ›Friedenskaiser‹ geglaubt haben. Es mag sein, daß eine solche Haltung zum Stoff bei der Gestaltung des Weges der Uniform besonders gefördert wird. Hier verkehren die Vertreter der ›höheren‹ Kreise meist nur mit ihresgleichen, sind also trotz gewisser (fraktioneller) Unterschiede im Grunde auf sich selbst bezogen, sie sind unter sich. Es fehlen hier streckenweise Kollisionen, die den Autor zur Parteinahme für die eine oder andere Seite drängen.

Das ändert aber nichts an dem zutiefst naturalistischen Charakter eines derartigen Vorgehens. Der Autor bleibt bei der Spiegelung von äußerlichen Erscheinungen stehen und dringt nicht realistisch zum Kern der Dinge vor.

Wesentlich ist nicht, daß deutsche Bürger 1906 an den Friedenskaiser glaubten, sondern daß der Krieg kam. Wesentlich ist nicht der oberflächliche Glanz der Wilhelminischen Ära, sondern der keineswegs nur uniformierte, vielmehr vor allem aggressive militaristische Imperialismus, der schon 1906 zum ›Panthersprung‹ angesetzt hat.

Wesentlich ist 1930/31, wie Ernst Thälmann zu warnen: ›Hitler – das ist der *Krieg*!!‹

Zuckmayer aber ruft: ›Hitler – das ist die *Uniform*!‹«

(Adling, S. 114 f., 116 f.)

Paul R i l l a (1896–1954) schrieb einen Aufsatz »Zuckmayer und die Uniform«, in dem es u. a. heißt:

»Die Uniform hatte auf der Straße ein Wachkommando
herangewinkt, die Uniform hatte in Köpenick das Rathaus
besetzen, den Bürgermeister verhaften, die Stadtkasse beschlagnahmen lassen, die Uniform lieferte die Probe auf ein
Exempel, das in der preußischen Fibel die preußische Welt
bedeutete. Die nichtpreußische Welt lachte. Aber auch Wilhelm II. lachte, er fand die Geschichte ›herrlich‹ und
›grandios‹. Lachen links: ließ sich eine tödlichere Demas-
kierung jenes rechteckigen preußischen Wahns denken, der
den Kasernenhof zum staatsbürgerlichen Imperativ und die
Unterscheidung zwischen Militäranwärter und Reserveoffi-
zier zum sozialen Ordnungsprinzip erhoben hatte? Lachen
rechts: hatte nicht die famose Gaunerei des Schusters Wilhelm Voigt eben dieses kahle preußische Idyll in seiner Un-
erschütterlichkeit bestätigt, hatte sie nicht bewiesen, wie
fest man sich auf die Uniform, die den Mann macht, verlassen kann? Mag der Mann falsch sein, es genügt, daß die
Uniform echt ist. Warum sollte man nicht mitlachen, wenn
der Schwindler erwischt wurde, aber die Uniform triumphierte? In der Tat ›herrlich‹ und ›grandios‹: man sah, daß
noch viel mehr möglich war, als man selbst in der preußischen Welt für möglich gehalten hätte. Man durfte weiter-
machen, und man machte weiter. Die rechten Lacher be-
hielten recht: es war noch viel mehr möglich.
Welches Gelächter weckt die Komödie Zuckmayers? Schon
vor sechzehn Jahren konnte man erkennen, daß dies kein
satirisches Zeitbild, sondern eine Illuminierung jenes preußischen Idylls war, dessen Frostigkeit durch Zuckmayers
süddeutsches Geblüt erwärmt wird, bis die Kahlheit gemüt-
voll zu blühen beginnt. Welche Komödienposition bezieht
Zuckmayer? Licht und Schatten verteilt er so gleichmäßig,
daß die scheidende und unterscheidende Funktion von Ko-
mödienlicht und -schatten darüber zum Teufel geht, den
an die Wand zu malen gewiß in diesem grandiosen Ko-
mödienstoff gelegen hätte.
Der preußisch-deutsche Wahn hatte, als Zuckmayers Stück
erschien, schon die größere Probe aufs Exempel geliefert.
Heute erst recht ist uns die Lust vergangen, uns auf ein
behagliches preußisches Anekdotengeplänkel einzulassen,

dessen soziale Färbung zu schummrigen Gemütsfarben ver-
schwimmt, dessen Witz doch nicht hoch genug über dem
sympathisierenden Humor der Kasernenhofblüte steht, um
peinliche Verwechslungen auszuschließen. Zuckmayer zeichnet die subalterne Unmenschlichkeit der bürokratischen
Maschinerie, in deren Räderwerk der Schuster Voigt gerät.
Aber die subalternen Repräsentanten zeichnet er als die
Arrivierten einer Beschränktheit, die eher liebenswert als
verabscheuungswürdig wirkt. Diese Letzten, so klingt es
beinahe, werden die Ersten sein, denn ihrer ist das preußische Himmelreich. Und welche Komik ist es, die beim
Zusammenstoß ziviler Unzulänglichkeit mit der Uniform
herausschaut? Die Komik des Zivils, nicht der Uniform.
Das Stück, so sehr es die Theaterbegabung seines Autors
bestätigt, stand vor sechzehn Jahren schief, als der militaristische Rummel bei uns schon wieder Volldampf voraus
war. Heute, nachdem sich zum zweitenmal gezeigt hat, wohin die Fahrt ging, steht es noch schiefer. Zuckmayer mag
die richtige Absicht gehabt haben. Aber satirische Gestaltung ist seine Sache nicht, und das idyllische Verfahren,
das er anhängig macht, verfehlt die Sache. Diese ausglei-
chende dramatische Gerechtigkeit bleibt ein Unrecht am
Stoff. Statt des perspektivisch zielenden Witzes eine ins
Breite verlaufende Bilderfolge, die sich beliebig verlängern
oder verkürzen ließe, weil sie an beliebigen Punkten den
darzustellenden Inhalt schneidet oder meidet. Hier wird
das Stuckornament der Zeit, das zu demolieren war, zum
selbstvergnügten szenischen Inventar.«

(Rilla: Literatur. Kritik und Polemik. Berlin:
Henschel 1950. S. 8–10)

A d l i n g über Wilhelm Voigt als Dramengestalt:

»Er will seinen ordnungsgemäßen Paß.
Und so tut er das, was ihn am meisten vom historischen
Voigt unterscheidet: Nachdem er erst die Uniformierung
ad absurdum geführt hat, handelt er selbst schier uni-
formierter als seine Gegenspieler, ›bürokratischer‹ als die
Bürokraten. Er stellt sich freiwillig der noch immer vor
einem Rätsel stehenden Polizei und liefert die Köpenicker
Stadtkasse bis auf dreiundachtzig Mark aus: ›Ick mußte ja
leben ... Die Abrechnung liegt bei.‹ Er sieht im Alter von

siebenundfünfzig Jahren einer erneuten Freiheitsstrafe mit
Ruhe entgegen: ›... ich weiß schon Bescheid, mir werdense
doch nicht laufen lassen ...‹ – und das alles lediglich unter
der Bedingung, daß man ihm in Zukunft seinen Paß nicht
mehr verweigert: ›Versprochen is er. Det is nu ne öffentliche Anjelegenheit.‹
Er wirft dem System vor, das Recht gehe über den Menschen: er selbst aber stellt den Paß über seine Freiheit.
Freilich aus *Heimat*liebe, und nicht – wie Hoprecht – aus
Liebe zum System. Freilich aus dem Wunsche, endlich
Ruhe zum *Leben* zu haben, und nicht – wie Hoprecht – aus
dem Wunsche, Untertan zu sein. Seine *Absicht* ist also noch
immer, die Ordnung zugunsten seiner selbst mit ›ordnungsgemäßen‹ Mitteln zu *überspielen*. Sein *Tun* aber ist das
eines *Untertanen*, weil er unfähig ist zu erkennen, daß es
vom (gesellschaftlichen) System abhängt, was aus der ›Heimat‹, was aus dem ›Leben‹ wird, weil er mit dem System
nur als ›verhinderter Untertan‹ kämpft.«

(Adling, S. 123)

Adling zur Technik der ›Montage‹:

»Zuckmayers gestalterische Schwächen fallen hier um so
mehr ins Gewicht, als die Anwendung der Montage im
Bühnenstück unter anderen Voraussetzungen erfolgt als im
Film. Dort besteht die Möglichkeit, durch das kurze ›Ein-
blenden‹ bloßer Bilder, an denen nicht die Handlung, sondern die ›Atmosphäre‹ wichtig ist, wirksame und die Aussage vertiefende Kontraste zu schaffen. Zuckmayer hat das
offenbar im Sinn, wenn er auf die 12. Szene, in der Voigt
am Bett des todkranken Lieschens den Ausweisungsbefehl
erhält, das luxuriöse Souper der Potsdamer Hautevolee
folgen läßt. Insbesondere bei schnellem Bildwechsel (Dreh-
bühne) wirkt das zunächst auch entlarvend, gerade weil der
Glanz der Uniformen in Dressels Festsälen so hell er-
strahlt.
Während es jedoch beim Film möglich ist, nach diesem an-
klagenden Kontrast schnell wieder auf die Not eines vom
System schier zerräderten Menschen zurückzublenden, muß
der Bühnenautor länger bei der einmal ›angeblendeten‹
Szene verweilen. Er muß also bei der weiteren Szenen-
gestaltung darauf achten, daß die zu Beginn erzielte Wirkung nicht verlorengeht. Zuckmayer aber tut das Gegenteil:

Er stellt im Verlaufe der 13. Szene neben die Anklage der Uniformierung die Glorifizierung der Offiziere und verwirrt das Vorangegangene, anstatt es zu unterstreichen.
Das Wirken der durch die Montage ermöglichten Kontraste für den Realismus des Stückes ist also zumindest sehr beschränkt, ja mitunter sogar recht zweifelhaft.«

(Adling, S. 131)

Arnold John J a c o b i u s sieht in der dramatischen Technik Zuckmayers Einflüsse des Films:

»Der Film in seiner charakteristischen Verschmelzung dramatisch zugespitzter Handlungen und epischer Ausdrucksmittel, in seiner Betonung des Details bei gleichzeitiger Fähigkeit für das Kolossale und Monumentale, in seiner unbegrenzten Beweglichkeit muß von jeher eine große Anziehung auf Carl Zuckmayer ausgeübt haben. Deutlich macht sich der Einfluß des Films auf seine späteren Schauspiele geltend. Angefangen mit dem ›Hauptmann von Köpenick‹, erweitert sich die Bühne, die Ausstattung wird reichhaltiger, die Szenen bevölkern sich dichter und bunter mit Haupt- und Hintergrundsfiguren, und die Handlung gewinnt an Tempo; typisch filmische Überlagerungen und Überschneidungen der Zeit finden Anwendung. [...]
Wohl ließe sich der Einwand erheben, daß der Einfluß des Films eine Allgemeinerscheinung des modernen Dramas sei, wovon die Simultanbühne oder die szenischen Effekte des ›magischen Realismus‹ Zeugnis ablegten. Doch scheint im Falle Zuckmayers nicht nur eine äußerlich-technische, sondern eine wesensmäßige Beziehung zum Medium des Filmes vorzuliegen, die in der dominanten Rolle des epischen Elements begründet ist. Wie das unentwegt suchende, kreisende, sich nähernde und wieder entfernende, Zeit und Raum überspringende Auge der Filmkamera die Rolle des epischen ›Erzählers‹ übernimmt und die dramatische Grundstruktur der Filmhandlung in unzählige Details auflöst, so durchbricht auch im Zuckmayerschen Schauspiel das epische Element kontinuierlich die Staudämme dramatischer Konzentration. Immer wieder scheint es, als rissen sich die in das dramatische Grundgefüge eingepaßten Gestalten von ihren Plätzen los, um sich, eigener Schwerkraft folgend, in ihrer Selbständigkeit zu behaupten; und der Dichter seinerseits folgt ihrer Lebendigkeit in naiver Freude. Denn die

epische ›Lust am Fabulieren‹ entspricht der Lust am Leben
und am Lebendigen.«

(Jacobius: Motive und Dramaturgie im Schauspiel Carl Zuckmayers. Frankfurt a. M.: Athe-
näum Verlag 1971. S. 109–111. © Akademische
Verlagsgesellschaft Athenaion, Wiesbaden)

Zur Frage, ob die Gestalt des »Kleiderjuden« Krakauer
nach dem Zweiten Weltkrieg antisemitische Affekte her-
vorrufen könnte, äußert sich Zuckmayer:

»Über Juden zu lachen, hatte (außer für die Juden selbst)
immer einen etwas bitteren Beigeschmack, waren sie doch
von jeher (und nicht nur in Deutschland) dem Spott und
der Mißachtung – wohl auch dem Aberglauben – gewisser
Volksteile ausgesetzt. Was nun gerade den deutschen Juden
durch Deutsche, in einer Zeit des Terrors und der Um-
nachtung, geschehen ist, muß uns Alle, ohne Ausnahme,
– so sehr wir den Gedanken einer ›Kollektivschuld‹ ablehn-
nen mögen, – mit einer, wie Theodor Heuss sich ausdrückte,
›Kollektiv-Scham‹ erfüllen. Der geht man nicht aus dem
Wege, und das Geschehene schafft man nicht aus der Welt,
indem man aus einem Gesamtbild des früheren Deutschland, denn etwas ähnliches versuchte mein ›Deutsches Märchen‹, die Juden ›wegläßt‹, und so tut, als wären sie gar-
nicht dagewesen. Sie waren da, – sie bevölkerten, wie mein
Jude Krakauer in der Grenadierstraße, zum Teil aus östlichen Bezirken zugewandert, gewisse Gegenden Berlins, sie
gehörten zum Bild des Volkslebens, zur Folklore, und (wie
der erste Weltkrieg bewies) durchaus zur Nation, sie bildeten darin ein bedeutsames, ja lebenswichtiges Element, sie
liebten und pflegten ihr Deutschtum, sie nahmen keinem
Christen sein Brot weg, sondern erwarben und vermehrten
das ihre, und wurden dadurch gerade in Berlin zu einem
Ferment des kulturellen und geistigen Lebens, dessen Fehlen
sich heute schmerzlich bemerkbar macht. Sie waren da, und
sie sind nicht mehr da. Diese grausame Tatsache durch ihr
›Weglassen‹ zu vernebeln, käme mir wie eine Feigheit vor,
als wolle man davor kneifen. Das soll man davor aber
genau so wenig, wie vor dem Anblick des Elends, das verhärtete Bürokratie und falscher Autoritätswahn – nicht nur
in Deutschland – über den Menschen bringt. Denn wenn es
in diesem Stück heißt: ›Erst der Mensch, – und dann die

Menschenordnung!‹, – so ist das keineswegs nur für Preu-
ßisch-Deutschland von dazumal gemeint. Auch der preußische Offizier, der Hauptmann von Schlettow, über dessen ›Gesäßknöppe‹ man lachen kann, ist in seiner liebenswerten Beschränktheit und ernsthaften Komik von mir
nicht als Karikatur gezeichnet. Er ist ebensowenig aus dem
›Simplizissimus‹ wie der Jude Krakauer aus dem ›Stürmer‹.
Beide sind menschlich gesehen, und beide mit ihren besonderen Humoren, – und diese besonderen Humore müssen
auch dem Kleiderjuden belassen werden, sonst nimmt man
ihm seine Farbe, und damit, wieder einmal, sein Leben. Ein
Mann wie der Hauptmann von Schlettow mag in unsrer
dunkelsten Zeit, gleich vielen deutschen Offizieren, vor
Freislers Volksgericht gestanden haben und mit gefesselten
Händen seinen Abschiedsbrief geschrieben, bevor man ihn
erhängte, – weil er sich der Ermordung des Juden Krakauer
geschämt hat. Das ändert nichts daran, daß man über seine
spezifische Komik, wie über die des Juden, lachen darf.
Denn das richtige Lachen enthält und entwickelt den Keim
des richtigen Denkens, – des Nachdenkens. Daß aber das
heutige deutsche Publikum beim Anblick eines humorig
gezeichneten Juden ›falsch lacht‹, das glaube ich nicht. Ich
halte es in seiner überwiegenden Mehrheit für mündig, erwachsen und selbstverantwortlich. Es wäre für mein Gefühl eine Unterschätzung und Mißachtung dieses Publikums,
ihm eine ›judenreine‹ Verlegenheitsausgabe vorsetzen zu
wollen.«

(Zuckmayer: Die Judenfrage. In: Programm-
heft der Städtischen Bühnen Frankfurt a. M.
Schauspiel. Spielzeit 1959/60. Heft 15. S. 225 f.)

Arnold John J a c o b i u s äußert sich zu Zuckmayers Verhältnis zu Deutschland und den Deutschen:

»Noch ungerechtfertigter ist der häufig erhobene Vorwurf,
Zuckmayers Emigration und Einbürgerung in die Vereinigten Staaten beruhe auf mangelndem Patriotismus. Die Einstellung des Dichters Deutschland gegenüber ist gespalten
zwischen innerstem Gewahrsein nationaler Schwächen und
leidenschaftlichem Glauben an eine deutsche Mission im
Sinne der Humanität. In dieser Ambivalenz seines Deutschtums erinnert er an Heine, ohne daß er jedoch dessen ät-
zenden Spott und zur Verbitterung neigendes Temperament

teilte. Seine Satire – stets mild und wohlwollend – richtet sich vornehmlich gegen die altbekannten deutschen Übel: Unterwürfigkeit und blinden Gehorsam auf der dienenden, Überheblichkeit und Intoleranz auf der befehlenden Seite. An vorderster Stelle unter den satirischen Werken Carl Zuckmayers steht zweifelsohne ›Der Hauptmann von Köpenick‹. Nicht nur werden hier die offenbaren Mißstände und absurden moralischen Vorurteile des wilhelminischen Deutschlands der Lächerlichkeit preisgegeben; es geht vielmehr um die innere Brüchigkeit, die Unmenschlichkeit des preußischen Autoritäts- und Rechtssystems, das erbarmungslos über den Einzelmenschen hinwegschreitet. [...] Doch dem problematischen, geistig und seelisch reglementierten, in einem absurden Preußentum erstarrten Deutschland stellt der Dichter das andere, das im Geiste des Menschlichkeits- und Bildungsideals sich erfüllende entgegen. Es offenbart sich sowohl in der unverdorbenen, robusten Erdhaftigkeit von Zuckmayers fröhlichen Weinbergbauern als auch in den Gestalten des Kaisers im ›Schelm von Bergen‹, Sylvester Imwalds in ›Der Gesang im Feuerofen‹ und in vielen gemüt- und lebensvollen Charakteren seiner heimatlich inspirierten Werke. ›Deutsch sein hieß immer und in all den großen Erscheinungen, die allein eine Volkheit verewigen, Künder der Menschenwürde sein‹, ruft er in seinem ›Bekenntnis zu Gerhart Hauptmann‹ aus. ›Menschenwürde heißt Inkarnation all dessen, was den Menschen frei, groß, ewig macht, was in ihm, dem Weltgeschöpf, den schöpferischen Funken schürt und hütet. [...]‹

Aus diesem Glauben an eine humanitäre deutsche Mission erklärt sich Zuckmayers konzessionslose Ablehnung des Nazitums. Mehr noch als die physische Gewaltsamkeit und schrankenlose Machtsucht des Hitlerregimes verdammte er dessen tief in totalitär-völkischer Ideologie verwurzelte Verachtung jener Menschenwürde, deren Erfüllung er von jeher als Ziel und Inbegriff des Deutschtums empfunden hatte. Nazitum bedeutete ihm Steigerung – über den Rand des Abgrunds hinaus – jenes starren, menschenzermalmenden Staatskultes, den er in seinem ›Hauptmann von Köpenick‹ im Zerrspiegel der Satire bloßgestellt hatte.«

(Jacobius, S. 50–52)

Aufschlußreich an Paul R i e g e l s (geb. 1927) literatur-
didaktisch orientierter Interpretation ist, wie man noch zu
Beginn der sechziger Jahre die Aufgabe des Literaturunter-
richts sah:

»Carl Zuckmayer ist auf diesen Wegen, von denen noch
niemand wissen kann, ob und wo sie sich als Sackgassen
erweisen, nicht gefolgt. Er sagt einmal vom Theaterpubli-
kum, es sei ›amorph, unbestimmbar ...‹, wenn es überhaupt
einen allgemeinen spezifischen Charakter hat, so besteht der
in seiner weiblichen Passivität, in seiner immanenten Bereit-
schaft, gepackt, erlöst, verzaubert und überwältigt zu werden‹*. Hier bekennt er sich – von Brecht her gesehen – zur
dramatischen Form des Theaters, die den ›Zuschauer ... in
eine Handlung hineinversetzt‹, mit Suggestion arbeitet und
dem Publikum ›Erlebnisse vermittelt‹. In seiner Rede ›Jugend und Theater‹ sagt Zuckmayer weiter von der Aufgabe
des Dramatikers: ›Mit einseitiger Anklage der Umstände,
mit einseitiger Selbstbemitleidung und Empörung ist es
nicht mehr getan. Es muß Mit-Freude zum Mit-Leiden da-
zukommen, Mit-Liebe, die allein zur Linderung führt«
(a. a. O., S. 8). Mit-Leiden, Mit-Liebe – das erinnert an
Gerhart Hauptmann, dem Zuckmayer auch in seiner Technik verwandt ist, ganz anders klingt es, wenn es bei Brecht
heißt: Der Mensch ist Gegenstand der Untersuchung. Zugleich fügt Zuckmayer aber auch noch sein Eigenes und
Eigenstes hinzu: die Mit-Freude. Im gleichen Jahr 1931, in
dem Bertolt Brecht in den ›Anmerkungen zur Oper Aufstieg und Fall der Stadt Mahagonny‹ sein Programm des
Epischen Theaters veröffentlichte, wurde Zuckmayers
›Hauptmann von Köpenick – ein deutsches Märchen‹ erst-
mals aufgeführt. ›Lehrstück‹ und ›Märchen‹ – die beiden
Begriffe grenzen verschiedene Auffassungen, Formen und
Stile deutlich gegeneinander ab. Dabei scheint es, als übe
auch heute noch das Märchen auf Volk und Jugend die
stärkere Anziehungskraft aus.
So müssen wir auch Zuckmayer von den praktischen Erfahrungen und Erfordernissen der Schule her Dank wissen.
Die Zahl der Lektüren, die Schülern und Lehrer gleichermaßen Freude bereiten, ist nicht allzu groß, doch darf man

---

* Carl Zuckmayer, Jugend und Theater. In der Zeitschrift »Der Monat«, April 1951, S. 5 f.

wohl den ›Hauptmann von Köpenick‹ dazu zählen. Mit
Recht ist man vorsichtiger geworden, wenn es gilt, unsere
Jugend mit moderner Literatur bekannt zu machen. Nicht
immer kann der Schüler unserer Oberklassen von seinem
Lebensgefühl und seinen Lebenserfahrungen her einen Zugang zur modernen Dichtung finden. Die Sorgen und Pro-
bleme der Dichter sind nicht die seinen, so bleiben bisweilen
Aufruf der Dichtung und Interpretation des Lehrers ohne
den gewünschten Widerhall, vor allem aber ohne Anwendung und Wirkung auf das eigene Leben.
Man beklagt heute auch gern, daß es den jungen Menschen
schwerfällt, sich in der Vergangenheit zu orientieren, wobei
man auch die erste Hälfte unseres Jahrhunderts getrost dieser Vergangenheit zurechnen darf. Trotz aller Bemühungen
des Unterrichts fehlt unseren Schülern oft der Blick für
Zusammenhänge, das Bild der Ereignisse und Entwicklungen ist in ihren Köpfen eigenartig verschwommen. [. . .]
Gerade in dieser Lage ist es unsere Pflicht, der Jugend die
geschichtliche Dimension zu erhalten, wenn wir unser Ziel
erfüllen wollen, Menschen zu bilden, die sich für ein eigenes Leben entscheiden und dieses Leben, geleitet von Wissen und Gewissen, auch selbst gestalten können.
Bei einer Rundfunkdiskussion über die Frage, wie man das
Verständnis der Jugend für die jüngste Vergangenheit ver-
tiefen könne, wurde kürzlich bedauert, daß es über diese
Zeit kein Buch in der Art von Gustav Freytags ›Bilder aus
deutscher Vergangenheit‹ gebe. Wer die ›Tatsachenberichte‹
unserer Illustrierten verfolgt, wird dieses Bedauern verstehen. Hier sei nun einmal der Vorschlag gemacht, Zuckmayers ›Hauptmann von Köpenick‹ zunächst als ein Zeitbild in dichterischer Deutung zu betrachten.«

> (Riegel: Carl Zuckmayer, Der Hauptmann von
> Köpenick. In: Europäische Dramen von Ibsen
> bis Zuckmayer. Hrsg. von Ludwig Büttner.
> Frankfurt a. M., Berlin u. Bonn: Diester-
> weg [1965]. S. 196 f.)

1956 wurde Zuckmayers »Hauptmann von Köpenick«
unter der Regie von Helmut Käutner mit Heinz Rühmann
in der Titelrolle verfilmt, im Dezember 1960 übertrug der
Süddeutsche Rundfunk Stuttgart eine Fernsehinszenierung
unter der Regie von Rainer Wolffhardt mit Rudolf Platte
als Hauptdarsteller, Raimar H o l l m a n n verglich beide

Inszenierungen unter der Überschrift »Der satirische und der menschliche Hauptmann«:

»Zwischen Geglücktem und weniger Geglücktem, zwischen glatter Gekonntheit und liebenswürdig unbeholfenem Dilettantismus, zwischen kammerspielhafter Geschliffenheit und grobem Klamauk hat das deutsche Fernsehen ein- bis dreimal im Jahre eine Sternstunde, soweit es die Nachgestaltung von Bühnenwerken angeht – Strindbergs ›Traumspiel‹ gehörte vor allem dazu.

Eine solche Sternstunde war ihm auch kurz vor Jahreswechsel beschert, als es vom Süddeutschen Rundfunk Stuttgart in der Regie Rainer Wolffhardts den ›Hauptmann von Köpenick‹, das ›deutsche Märchen‹ des Dichters Carl Zuckmayer, übertrug – nicht als Übernahme aus einem Theater, sondern eigens als Fernsehbearbeitung, mit einem Mann in der Hauptrolle, der bisher als Komiker abgestempelt war: Rudolf Platte.

Millionen von Fernsehteilnehmern haben an diesem Dezemberabend das Stück erst kennengelernt, das sie vielleicht zum Teil gerade noch dem Titel nach kannten. Sie waren, daran kann nach allem, was darüber bekannt geworden ist, kein Zweifel bestehen, tief beeindruckt. Beeindruckt nicht nur von der schauspielerischen Leistung Plattes, welche die meisten sehr überraschte, sondern auch und vor allem von dem menschlichen Gehalt, von der Tragik in der Gestalt Wilhelm Voigts.

Man könnte sagen, damit habe das Fernsehen ja bereits eine seiner selbstgewählten Funktionen erfüllt, die in der Möglichkeit besteht, große Kunst ins kleinste Dorf zu tragen – dieses Wort Professor Eugen Kogons wird wohl immer anklingen, wenn von der Bemühung des Fernsehens um bedeutende Werke der Literatur, Musik oder Malerei die Rede ist.

Nun kennen wir also Zuckmayers ›Hauptmann von Köpenick‹ in drei Fassungen – von der Bühne, aus dem Film und aus dem Fernsehen. Ganz stimmt das natürlich wieder nicht; denn wer in den jüngst vergangenen Jahren Rühmann im Film und Platte im Fernsehen erlebt hat, gehört in den seltensten Fällen noch zu der Generation, die einst Max Adalbert und Werner Krauß auf der Bühne gesehen hat.

Rudolf Platte in der Rolle des Wilhelm Voigt in der Fernsehinszenierung von Zuckmayers Stück. Erstsendung 15. Dezember 1960 (Foto: Süddeutscher Rundfunk, Stuttgart)

Dennoch: zumindest den alten Film mit Max Adalbert haben viele nach 1950 nachholen können, und in Berlin gab es Neuinszenierungen, einmal mit Werner Krauß und einmal mit Paul Bildt, den Augenzeugen als den Größten und Erschütterndsten von allen bezeichnen. Der Chronist hat nur etliche Aufführungen in Groß- und Mittelstädten, von großen und kleinen Bühnen sehen können.

Alle diese Aufführungen, das darf hier gesagt werden, atmeten, so unbewältigt und auch vielleicht mittelmäßig sie wirken mochten, weit mehr von Zuckmayerschem Geist als der Käutner-Film mit Rühmann, an dessen Drehbuch der Dichter selbst mitgewirkt hatte. Bessere und berühmtere Darsteller erheben den Film noch nicht zu einem größeren Kunstwerk, als das Theaterstück es in einer noch so provinziellen Wiedergabe sein kann.

Dabei sind Zuckmayers Stücke – der ›Hauptmann von Köpenick‹ wie der im Film (gleichfalls bei Käutner) völlig danebengegangene ›Schinderhannes‹ – der Filmtechnik eigentlich gar nicht so fremd: sie entspringen weniger einem dramatischen Konflikt, als daß sie eine Folge von Bildern sind, ein Panorama oder Panoptikum einer Zeit und der menschlichen Eigenheiten, die deren Klima bestimmen. Zuckmayers Stück dauert im Original über vier Stunden – die werden heute selbst dem ›Wallenstein‹ von keiner Bühne zugebilligt. So ergeben sich zwangsläufig Kürzungen, die aber nicht so schwerfallen wie bei manchem anderen Autor. Das Bild mit dem Maskenball zum Beispiel hat nur die eine Bedeutung, zu motivieren, wieso die Uniform in den Trödlerladen kommt – aber der vorher abgeplatzte Knopf reicht dazu geradeso aus wie der spätere Sektfleck.

Diese eigentlich in allen Theaterinszenierungen gestrichene Szene hatte der Film wieder aufgenommen. Man ist versucht zu sagen: und so war der ganze Film. Er klammerte sich an den äußeren Ablauf, er zerflatterte in Episoden. Er zeigte den Einbruch, er zeigte, wie die Helden von Köpenick nach dem Überrumpelungsstreich die Wagen besteigen mußten – für das Verständnis des Stücks war nichts gewonnen, wichtige Auseinandersetzungen, wie die mit dem Schwager, dagegen waren der Schere zum Opfer gefallen.

Das Fernsehspiel hielt sich wiederum durchweg an die gebräuchlichen Kürzungen. Es machte von den Möglichkeiten, aus dem Interieur nach draußen zu gehen, wenig Gebrauch.

Aber es konzentrierte sich, wie mir schien, denn doch sehr viel mehr auf den menschlichen Kern als der Film. Rühmann hatte seine komischen Fähigkeiten ins Hintergründige überhöht; Platte ließ die seinen beiseite und war nur noch gequälte Kreatur.

So war das Fernsehspiel eindrucksvoller, weil richtiger. Wenn Platte sich vor dem Köpenicker Bürgermeister in Uniform aufpflanzte, so war er nichts als Schießbudenfigur, und daß die Männer auf ihn hereinfielen, das lag eben an der Magie der Uniform – bezeichnenderweise ist ja die Bürgermeistersfrau die einzige Zweiflerin. Rühmann hingegen hatte immerhin eine solche Figur abgegeben, daß die Düpierung glaubhaft wirkte – um so unglaubhafter kam dann das ›Unmöglich‹ vor dem eigenen Spiegelbild. Das Fernsehspiel hatte nachhaltige Wirkung – es gab einen Abglanz des Theaterstücks. Der Film wollte Eigenes – und dieses Eigene blieb, wie etwa schon bei ›Des Teufels General‹, weit hinter dem Theatererlebnis zurück. Rühmann war der Effekt eines Filmabends, Platte das Erlebnis einer Fernsehinszenierung – jener gab glänzende Satire, dieser erschütternde Menschlichkeit. Dennoch – und hier muß ich mich wiederholen: die Unmittelbarkeit eines Theatererlebnisses, gleich wo auch immer, hatte weder das eine noch das andere.«

(Theater heute 2, 1961, H. 1, S. 48 f.)

V. Aus den Memoiren des Wilhelm Voigt

Wilhelm V o i g t (1849–1922) geriet auch nach seiner Freilassung nicht in Vergessenheit; er wurde zur populären Gestalt. Regen Absatz fand seine Autobiographie, die 1909 erschien. Daß der Journalist Hans Hyan Formulierungshilfe leistete, ist wahrscheinlich; jedoch sollte sein Einfluß angesichts der Tatsache, daß Voigt sich recht gut ausdrücken konnte und Wert auf eine gepflegte Sprache legte, nicht überschätzt werden.

Wilhelm Voigt über seine Kindheit:

»Ich bin geboren am *13. Februar 1849 in Tilsit* in Ostpreußen, während mein Vater unter dem nachmaligen Kaiser Wilhelm I. in Baden focht. Die Gespräche zwischen meinen beiden Großvätern und meinem Vater bildeten meine ersten Kindheitseindrücke. Die Großväter hatten die Feldzüge 1813/14/15 mitgemacht. Sie blickten voll Stolz auf meinen Vater. Ist es zu verwundern, daß in dieser Umgebung der Wunsch in mir reifte und auch meine Angehörigen erfüllte, ich sollte durch Vermittlung der Armee zu einer angesehenen Beamtenstellung gelangen?

In meiner Vaterstadt, einer Garnison, fängt der Knabe an, Soldat zu spielen, sobald er laufen kann. Was ihn erfreut, anstachelt und mit Begeisterung erfüllt, sind die Waffen und die bunten Uniformen, die mit Musik hinausziehenden Krieger. Ich war immer ein *besonderer Verehrer des Militärs*. Zwischen mir und der jeweiligen Mannschaft des Regiments knüpfte sich ein freundschaftlicher Verkehr an, der, von den Offizieren geduldet, mir es ermöglichte, *Dienstkenntnisse zu erlangen, soweit Garnison und Felddienst in Betracht kommen – die sonst Leuten, die eine so freundliche Behandlung in der Kaserne nicht empfangen, unbekannt bleiben.*

Da ich regen Geistes war, sind die Jugendeindrücke, welche ich bis zu meinem sechzehnten Jahre empfing, auch bis ins späte Alter haften geblieben. Meine Eltern und Großeltern waren über diesen Umgang nicht nur sehr erfreut, sondern unterstützten denselben, soweit es mit den späteren Schul-

Wie ich Hauptmann von Köpenick wurde

Berlin · Julius Püttmann · Leipzig

pflichten zu vereinbaren war, in jeder möglichen Weise,
weil sie es für eine gute Vorbedeutung für mein späteres
Leben ansahen.«

(Wie ich Hauptmann von Köpenick wurde.
Mein Lebensbild. Von Wilhelm Voigt, genannt
Hauptmann von Köpenick. Mit einem Vorwort
von Hans Hyan. Leipzig u. Berlin: Püttmann
1909. S. 9 f.)

Das Verhältnis zur Mutter ist gut, allerdings leidet die
ganze Familie unter dem jähzornigen und gewalttätigen
Vater, so daß Voigt im Alter von etwa vierzehn Jahren
von zu Hause fortläuft. Er wird aufgegriffen und polizei-
lich bestraft:

»Am anderen Morgen wurde ich vor einen Polizeibeamten
in Zivil geführt. Wir waren allein in einem Zimmer. Auch
er fragte mich zunächst nach den äußeren Umständen,
unter welchen ich nach Königsberg gekommen war. Die
Scheu, unsere traurigen Familienverhältnisse Fremden
gegenüber aufzudecken, hielt mich ab, ihm zu sagen,
warum ich mein Elternhaus verlassen hatte und nach Königsberg gekommen war. Und da ich seinen Fragen gegenüber etwas verschlossen blieb, suchte er mich *durch Schläge
zum Geständnis zu bringen*, daß ich unterwegs gebettelt
hätte.
Denke man nun, daß dieses fünfzig Jahre zurückliegt, daß
wir in Ostpreußen auf den Dörfern die breiteste Gast-
freundschaft übten, daß jeder müde Wanderer, der abends
eine Hofstätte betrat, nicht als ein Bettler, sondern als ein
Gast angesehen wurde, dem man in entgegenkommendster
Weise Obdach für die Nacht und Speis' und Trank ge-
währte, ohne viel zu fragen, woher und wohin; ja den man
sogar gerne kommen sah, weil er in diese einsamen Gegenden Kunde aus der Ferne brachte – so wird jeder Einsich-
tige wohl begreifen, daß das Wort ›Bettler‹ da nicht am
Platze war! ...
Aber selbst nach polizeilichen Begriffen lag hier keine Bettelei vor. Eine Anzeige, daß der Beamte mich in irgendeiner Form beim Betteln erwischt hätte, liegt nicht bei den
Akten. [...]
*Nachdem ich geschlagen worden, machte ich dem Beamten
weinend das Zugeständnis, daß ich gebettelt hätte.*
Ich erhielt nun infolge meines Geständnisses eine Haft-

strafe von achtundvierzig Stunden, die ich denn auch im
Polizeigebäude verbringen mußte, und nach vollbrachter
Haft erhielt ich eine Zwangsreiseroute, welche mich nach
meiner Heimat wies, und zur Bestreitung der Rückreise
25 Pfennige. Hiervon sollte ich mich nun drei Tage (denn
solange dauerte doch mindestens meine Rückreise) bekösti-
gen und mein Nachtquartier bezahlen.«

(S. 14 f.)

Die Bestrafung wegen angeblicher Bettelei hat schwerwie-
gende Folgen:

»Wie oben erwähnt zielte meine Erziehung darauf ab, mich
für den Eintritt in die Armee vorzubereiten. Da ich leb-
haften Geistes war und meine Sinnen in die Ferne schweifte,
so wünschte ich (da Bewohner der Binnenländer das See-
leben nicht kennen), bei der Marine einzutreten.
Als nun später beim Bezirkskommando die einleitenden
Schritte dazu gemacht werden sollten, stellte es sich heraus,
daß ich eine Vorstrafe von achtundvierzig Stunden hatte –
mein gewünschter Eintritt zum Militär also ausgeschlossen
war. So blieben die aufgewendete Mühe und die verwende-
ten Geldmittel zwecklos.«

(S. 16)

Der Siebzehnjährige begibt sich über Königsberg und Dan-
zig nach Berlin. Hier verfällt er auf den Gedanken, Postanweisungen zu seinen Gunsten zu verändern:

»Ich verschaffte mir bald Arbeit, und da ich schon damals
ein verhältnismäßig geschickter und aufmerksamer Arbeiter
war, so würde sich mein Leben wohl bald in ruhigere Bahnen gelenkt haben, wenn ich in der Werkstätte allein gearbeitet hätte. Die bessersituierten Kollegen fingen nämlich
über meine dürftige Kleidung und mein bescheidenes Auftreten, welches mit Rücksicht auf den kargen Inhalt meines
Portemonnaies für mich eine Notwendigkeit war, zu spot-
ten und zu hänseln an. [...]
Unglücklicherweise bekam ich in dieser Zeit eine Postanweisung zugestellt, in welcher *eine Schuld von drei Talern* an
mich abgeführt wurde. Die Aushändigung der Postanweisungen fand damals in anderer Weise statt als heute. Der
Empfänger der Postanweisung mußte dieselbe quittieren

und das Geld für den eingezeichneten Betrag gegen Vor-
legung der Postanweisung bei dem Postamt selber oder
durch einen Vertreter in Empfang nehmen.
Nun hatte der Aussteller der Anweisung die Ausfüllung
etwas mangelhaft vorgenommen, und als ich sie zum Quittieren in der Hand hielt, und einen Blick auf die obere
Seite der Anweisung warf, da fiel mir wie ein Blitz der
Gedanke ein: ›*Wenn du hier eine ‚2‘ vorschreiben würdest
und hinter die mit Buchstaben geschriebene ‚Drei‘ zwanzig
schreibst, so erhältst du statt drei – dreiundzwanzig Taler!*‹
Das war mehr ein Augenblickseinfall, der meine Neugierde
rege machte, als die Absicht, mir wirklich zwanzig Taler
mehr zahlen zu lassen. Trotzdem nahm ich kurzentschlos-
sen die Feder, füllte in der oben angegebenen Weise die
Postanweisung aus, quittierte und begab mich dann aufs
Postamt, neugierig, ob man mir wirklich den Betrag aus-
händigen würde.
Ich war selbst ganz erstaunt, als der Beamte am Schalter,
ohne irgendeine Einwendung zu machen, mir dreiundzwanzig Taler statt drei aushändigte.
Daß durch die Buchung der Anweisung der Fehlbetrag
festgestellt werden konnte, fiel mir gar nicht ein. In meiner
Freude kaufte ich mir bessere Kleidungsstücke, und dachte:
›*Nun bist du ein gemachter Mann und aller Not ent-
hoben!*‹ [...]
Ich versuchte es zum zweiten und zum dritten Male und es
gelang mir immer wieder. Schließlich war ich doch dreist
geworden und hatte die Postanweisungen in nachlässiger
Weise ausgefüllt, so daß die Schrift zweierlei Tintennuan-
cierung aufwies. Das fiel dem Beamten am Schalter auf, er
ließ mich festhalten, und es stellte sich heraus, daß ich noch
mehrere Anweisungen gefälscht hatte.«

(S. 28–30)

Voigt wird zu zwölf Jahren Zuchthaus verurteilt.

»Ich war der Verzweiflung nahe; denn wenn ich auch
schuldig war, so kann ein siebzehnjähriger Mensch die
Tragweite seiner Handlungen nicht klar bemessen, sofern
es sich um Urkundenfälschungen und dergleichen handelt.
Nach Ansicht des Vorsitzenden der Strafkammer vom

1. Dezember 1906 wären heute solche Urteile nicht mehr möglich.«

(S. 31)

Im Zuchthaus Moabit bietet die Anstaltsbücherei Voigt Gelegenheit, sein »Innenleben etwas freundlicher zu gestalten« (S. 34). Er interessiert sich besonders für historische und geographische Werke:

»Es ist selbstverständlich, daß bei dem regen Interesse, welches ich in der Jugend bereits für die Taten unserer Armee gewonnen hatte, mich ganz besonders die preußische Geschichte interessierte. Da waren es vornehmlich die letzten zwei Jahrhunderte, die ich zum Gegenstand meines Selbstunterrichtes machte.
Die große Zahl markiger Persönlichkeiten, die in diesen zwei Jahrhunderten über die Weltbühne gegangen sind, fesselten mich ungemein und ich habe alle die Führer und Helden in den Epochen des Großen Kurfürsten, Friedrich Wilhelms des Ersten und des ›Alten Fritz‹ in ihrem Leben und Wirken mit dem größten Interesse verfolgt. [...]
Aus meinen geschichtlichen Studien während meiner Haft ergab sich für mich als Resümee, daß Gewalt allemal vor Recht geht, und daß der Begriff ›Recht‹, wie man ihn auch auffaßt, in Wirklichkeit eine reine Idee, d. h. illusorisch ist. So ergibt sich denn aus der erlangten Gewalt (wie z. B. in Amerika) allemal ein Rechtszustand, der solange Geltung hat, als die gegenwärtige Gewalt besteht.«

(S. 35–37)

Während Voigt noch in Haft ist, stirbt seine Mutter. Nach seiner Entlassung reist er über Frankfurt an der Oder nach Tilsit. Er besucht Verwandte und Bekannte und spricht mit einer Freundin seiner Mutter:

»Nach einer kurzen Unterhaltung mit ihr faßte sie mich bei der Hand und erzählte mir unter hervorquellenden Tränen die Todesursache meiner Mutter.
Nach ihrem Berichte hatte mein Vater der häßlichen Spielleidenschaft, welche mit eine Ursache meiner unglücklichen Jugend war, auch weiterhin nachgegeben.
An dem Todestage meiner Mutter war er vormittags wieder

mit einer erheblichen Geldsumme in der Tasche ausgegangen und hatte alles verspielt.
In der elften Stunde abends kehrte er zurück und wollte sich neuen Vorrat aus dem Bestande der Kasse holen. Meine Mutter, die wußte, daß in den ersten Tagen des neuen Monats ein Wechsel zu bezahlen war, wollte ihm das Geld nicht herausgeben. Sie stellte sich schützend vor die Kommode, in der es lag. Da hätte er sie durch körperliche Mißhandlung, Stöße und Schläge, dazu zwingen wollen. Sie wäre niedergeschlagen worden, hätte den Kopf auf eine harte Kante aufgestoßen und dabei den Tod gefunden.
Die Freundin meiner Mutter hatte das von einem Augenzeugen, einem Trompeter vom Dragonerregiment, der noch spät abends vorbeiging und durch das Fenster den ganzen Vorfall beobachtet hatte. Ich konnte mithin nicht an der Wahrheit des Gesagten zweifeln. [...]
Ich bin dann abends zum Friedhof gegangen, habe das Kreuz, das auf dem Grabe meiner Mutter steht, umfaßt und habe lange, ich weiß nicht wie lange, dagelegen. Dann pflückte ich noch ein paar Blätter von dem Rosenstrauch, der auf ihrem Grabe wächst – das einzige Gedenkzeichen, das mir von der Unvergeßlichen geblieben. Hernach kehrte ich in mein Vaterhaus zurück, mit der festen Absicht, es so schleunig wie möglich zu verlassen. Meines Bleibens konnte hier nicht sein. Meine Stiefmutter vermochte sich gar nicht zu erklären, was mich so plötzlich wieder von dannen trieb. [...]
Ich wußte jetzt, daß es *für mich keine Heimat mehr gab!*«

(S. 51–53)

Voigt spezialisiert sich auf maschinelle Fertigungsmethoden und arbeitet in verschiedenen Städten. Heiratspläne:

»Wie schon erwähnt, hatte mein Handwerk eine große Wandlung erfahren. Der amerikanische Betrieb war allgemach eingeführt, vorläufig aber mangelte es an Arbeitern, die dem neuen Betrieb gewachsen waren. Deshalb hatte ich beschlossen, mich für das Maschinenfach in diesem Betriebe auszubilden und unter dieser Voraussetzung meine Stellung in Erfurt angenommen.
Ich lebte mich dort bald ein, hatte bald eine recht angenehme Stellung im Geschäft und unter den Kollegen und

Freunden und ging später nach Eisenach, wo es mir ebenfalls recht gut gefiel. Dann kam ich unter sehr günstigen Bedingungen in einer Fabrik in Prag an und lernte so wieder ein ganz neues Stück der Welt, in der Stiefel fabriziert werden, kennen. Dort verkehrte ich viel und gern in jüdischen Kreisen. Meine nächste Arbeits- und Lebensetappe sollte Wien, die Stadt an der schönen blauen Donau, heißen. Doch wurde daraus so gut wie nichts. Mir wurde mein Recht nicht und ich ging weiter nach Budapest und von dort nach Jassy, aber auch dort war meines Bleibens nicht. In Odessa, wo ich ebenfalls in leitender Stellung tätig war, hatte ich sehr erfreulichen Umgang. [...]

Dort [in Riga] gefiel es mir besser [als in Lodz], ich hatte wieder vielen und netten Verkehr in besseren Familien, und der Wunsch, zu heiraten, wurde mehr als einmal in mir rege.

Leider habe ich mein ganzes Leben lang eine unsichtbare Kette mit mir herumgeschleppt, die mich verhinderte, in den Ehestand zu treten.

Ich bin verschiedene Male von Damen in freundlichster Weise dazu aufgemuntert worden und einige Male schien es wirklich, als sollten Hymens Fesseln mich umschlingen, aber dann trat immer die Sorge an mich heran, ob ich auch wirklich dazu befähigt sei, einer Frau das zu bieten, was sie mit Recht von ihrem Manne verlangen kann und darf?«

(S. 56 u. 59)

Während einer – eher auf einem Mißverständnis beruhenden – einjährigen Gefängnisstrafe lernt Voigt den Mitgefangenen Kallenberg kennen. Nach einem mißlungenen Einbruch in die Gerichtskasse erfolgt die Verurteilung unter zweifelhaften Umständen:

»Allmählich trat mir nun Kallenberg mit dem Ansinnen näher, ein neues Geschäft mit ihm zu machen.

Anfangs sträubte ich mich dagegen, aber wie steter Tropfen den Stein höhlt, so ließ ich mich, mit Rücksicht auf den bevorstehenden Winter und die augenblickliche Bedrängnis, in der ich mich mit meiner Kasse befand, hinreißen. Es ist mir heute noch nicht verständlich, wie er mich, der ich doch älter und auch erfahrener war, so auf seine Seite bekommen hat!

Genug, wir begaben uns nach Wongrowitz, brachen dort in die Gerichtskasse ein und öffneten die Behältnisse. Während wir dabei beschäftigt waren, bemerkte die Frau des Oberaufsehers, daß in dem Kassenzimmer Geräusch war. Sie weckte ihren Mann, dieser rief noch einige Beamte zu Hilfe und sie umstellten das Kassenzimmer.

Ich hörte noch rechtzeitig genug das Geräusch der herannahenden Leute, und es entstand nun die Frage für uns: Was sollen wir tun?

Mein Genosse war gewillt, von seiner Waffe Gebrauch zu machen, nicht etwa um zu töten, sondern weil er sich des Eindrucks bewußt war, den ein abgefeuerter Schuß mitten in der Nacht immer ausübt!

Ich aber sah weiter, oder ich glaubte wenigstens weiter zu sehen. Der Schuß konnte treffen und einem oder mehreren Menschen das Leben oder die Gesundheit kosten.

Ich rechnete auch damit, daß der Gerichtshof diesem freiwilligen Verzicht auf den Gebrauch der Waffe Rechnung tragen würde, und zog es deshalb vor, keinen Widerstand zu leisten.

Wie die spätere Entscheidung zeigt, hatte ich mich im Urteil der Richter getäuscht. Und das war nicht die einzige Überraschung, die mir bevorstand. Wir ließen uns also ohne Widerstreben in die Gefängnisräume überführen, der Kassenbestand blieb natürlich in den Räumen des Kassengebäudes zurück.

Nachdem die Räumlichkeiten von den Beamten geschlossen waren, wurde noch in der Nacht der Rendant der Kasse geholt.

Er überzählte und rechnete und da fehlte plötzlich ein Betrag von mehreren hundert Mark!

Es gab nur zwei Möglichkeiten: entweder der Kassenbeamte hat die fehlenden Gelder unterschlagen, oder aber die Beamten haben die Gelegenheit benutzt, um sich vorerst die Taschen zu füllen.

Unsere Taschen sind natürlich auf das sorgfältigste untersucht worden, die Taschen der Beamten jedoch nicht!

Ich muß hier bemerken, daß wir nicht etwa über Höfe und Straßen, sondern direkt aus dem Gewölbe in die Gefängnisräume überführt worden sind.

Bei der Aufzeichnung meiner eignen Gegenstände vermißte ich am folgenden Tage meine Taschenuhr.

Der Gefängnisaufseher, der die Uhr selbst von mir übernommen hatte, behauptete auf das Entschiedenste, daß ich
überhaupt keine Uhr bei mir gehabt hätte, sondern nur
eine Kette.

Auf meinen energischen Protest beim Untersuchungsrichter
unternahm derselbe in eigener Person die Visitation des
ganzen Hauses, wohl in der stillen Hoffnung, daß vielleicht
mit der Uhr die Spuren noch anderer Verbrechen zu finden
seien, die ich begangen hätte.

Am vierten Tage nach meiner Verhaftung fand er *die Uhr
in einem Unratkübel unter Menschenkot.*

Und zwar war er durch den harten Schlag, den der Gang
der Uhr hat, wie er selbst erklärte, aufmerksam geworden.

Da meine Uhr aber nach einmaligem Aufziehen nur
36 Stunden läuft, so war es klar, daß die Uhr im Besitze
anderer Personen gewesen und im letzten Moment, aus
Furcht vor dem Untersuchungsrichter, in den Eimer ver-
senkt worden war.

Unter diesen Umständen drang ich dem Untersuchungsrichter gegenüber auf die weitgehendste Nachforschung, aber
leider ohne Erfolg! [...]

Ich hatte das größte Interesse daran, daß die Zeugenvernehmung vor den Richtern stattfand.

Der geschäftsführende Richter wünschte, schon um die
Kassenangelegenheiten genügend aufklären zu können, die
weitgehendste Untersuchung.

Nichtsdestoweniger schloß der Vorsitzende die Beweisver-
handlung mit Ausschaltung der gesamten geladenen Zeugen,
ohne dazu von *mir,* wie es die Prozeßordnung doch vor-
schreibt, die Genehmigung einzuholen, und sie protokolla-
risch festzulegen. Heute könnte mir so etwas nicht mehr
passieren.

Der Richter hat hier offenbar unter dem Eindruck gestanden, daß, wäre er wirklich zur Zeugenvernehmung geschritten, es höchstwahrscheinlich notwendig geworden
wäre, einige Zeugen aus dem Zeugenraum in die Anklagebank überführen zu lassen. Daß ihm das unter solchen Umständen, wo es sich um Beamte handelte, sehr unangenehm
gewesen wäre, ist begreiflich.

Mir und meinem Genossen aber wurde dadurch jede Aufklärung und Verteidigung unmöglich gemacht. [...]

Man kann sich denken, welch eine an Entsetzen grenzende
Überraschung mich erfaßte, als der Staatsanwalt bei seinem
Plädoyer darauf hinwies, daß wir nur durch Überraschung
am Gebrauch der Waffe gehindert worden seien und ein
Strafmaß von *15 Jahren Zuchthaus* beantragte.«

(S. 65–69)

Voigt über seine Arbeit im Zuchthaus Rawitsch:

»Der Unternehmer, der damals den Betrieb in der Fabrik
hatte, erkannte in mir bald den tüchtigen Maschinisten und
überwies mir die in seinem Betriebe angestellten Leute zur
Bedienung resp. Beaufsichtigung.
Dadurch wurde zunächst meine Stellung zu meinen Mitgefangenen eine ganz andere, wie das sonst der Fall zu sein
pflegt.
Es ist in solchem Betriebe der Maschinist die Seele der ganzen Arbeit. An seinem Platze kommen alle Fehler, die von
den Vorarbeitern gemacht werden, an das Tageslicht, und
es hängt von seiner Aufmerksamkeit der Wert der in der
Fabrik erzeugten Ware ab.
Er darf, wenn er dem Inhaber des Betriebes nicht selbst
Schaden zufügen oder zufügen lassen will, fehlerhafte
Sachen nicht weitergeben. Daher wird er von vielen ge-
fürchtet, die ein Interesse daran haben, daß die hergestellte
Arbeit mit ihren Mängeln nicht einer zu strengen Kontrolle
unterzogen wird.
Es kommt nun dazu, daß in solchem Hause neben dem
Zeitverlust und der nochmaligen Arbeitsleistung auch bald
die Disziplinarstrafe eintritt. Da ist es denn sehr begreiflich, daß große Ruhe und viel Takt dazu gehört, weder
nach oben noch nach unten anzustoßen.
Mir ist das im allgemeinen gelungen. Und wenn meine Mitgefangenen auch in mir den strengen Kontrolleur sahen,
der Fehlerhaftes entschieden zurückwies, so sind doch niemals Disziplinarstrafen gegen sie auf meine Veranlassung
verhängt worden.
Ja sie hatten bald die Überzeugung gewonnen, daß, wenn
ich ihnen irgendwie helfen konnte, es auch von meiner
Seite aus in bereitwilligster Weise geschah.«

(S. 72 f.)

Voigt betreibt hartnäckig die Revision des Prozesses und des offenkundig viel zu hohen Strafmaßes wegen »bewußter Rechtsbeugung« (S. 80). Er hat damit keinen Erfolg. Einen Paß verweigert man ihm dreimal. Schließlich vermittelt ihm der Anstaltsgeistliche »eine Stellung als Maschinenmeister im Betrieb des Hofschuhmachers Hillbrecht in Wismar« (S. 84):

»Am Morgen der Entlassung übergab mir der Hausvater der Anstalt die näheren auf meinen Prozeß bezüglichen Briefe und Entscheidungen, die mir so schweren jahrelangen Kummer und Sorgen bereitet hatten.
Ich stand vor der Entscheidung, ob ich den alten Streit begraben oder unversöhnt in die Freiheit zurückkehren wollte.
Das erstere zog ich vor!
Mit einem Schritt trat ich zum lodernden Ofen. Ein Wurf versenkte das Aktenbündel in die Flammen. Fünf Minuten später öffneten sich mir die Tore zur Freiheit.
Wohl kaum ist jemals ein Mensch mit festerem Entschluß, sich den Forderungen der Gesellschaft in allen Dingen anzubequemen, der Freiheit entgegengegangen!«

(S. 85)

Obwohl Voigt in Wismar zu keinerlei Beanstandungen Anlaß gibt, obwohl er eine feste Arbeitsstelle hat, in der er sich bewährt, wird er – »ohne Angabe des Grundes« (S. 89) – ausgewiesen. »Hier beginnt eigentlich schon der Tag von Köpenick!« (S. 91). Nach kurzen Aufenthalten in Prag und Breslau erfährt er, daß seine ältere Schwester, mit einem Buchbinder verheiratet, in Rixdorf bei Berlin lebt:

»An einem Sonnabendabend fuhr ich wieder zurück nach Berlin, und es glückte mir gleich am Sonntagmorgen, in einer Schuhfabrik in der Nähe des Schlesischen Bahnhofes als Maschinist Stellung zu finden.
Nun hatte ich zwar Arbeit, aber wie sollte es mit der Anmeldung werden? Ich wohnte zunächst in der Nähe meines Arbeitsplatzes in der Herberge zur Heimat. Aber das ließ sich auf die Dauer nicht durchführen. Erstens mußte ich früher aufstehen, um rechtzeitig auf meinen Arbeitsplatz zu kommen, und dann würde es aufgefallen sein, wenn ich

bei meinem Einkommen in der Herberge wohnen geblieben
wäre.
Da ich nun wußte, daß Berlin in der Aufnahme von ›Entlassenen‹ sehr vorsichtig ist, so wollte ich sehen, ob ich
nicht von Rixdorf aus, indem ich dort Wohnung nahm,
rechtzeitig in Berlin zur Arbeitsstätte eintreffen konnte.
Ich fuhr also zu meiner Schwester, um mit ihr Rücksprache
zu nehmen. Das Ergebnis war, daß sie mich aufforderte, zu
ihr hinauszuziehen. Dieses Anerbieten war mir natürlich
sehr angenehm, hatte ich doch in meinen Mußestunden
einen richtigen Anschluß, und Schwesterhände sorgen auch
in anderer Beziehung besser als fremde. Zudem hatte sie
auch keine Kinder bei sich, ihr Mann lebte als Privatier, so
daß für alle Teile viele Annehmlichkeiten herauskamen.
Ich hatte nur große Furcht, daß die Polizeibehörde in
Rixdorf mir auch Schwierigkeiten machen würde. Doch
darauf mußte ich es jetzt ankommen lassen. Meine Anmeldung fand in ordnungsmäßiger Weise statt, und zunächst
wurde ich weiter nicht behelligt. Etwa nach 14 Tagen
wurde ich auf das Revierbureau geladen, weil jeder Zu-
ziehende über seine Familie und sonstigen Verhältnisse
Auskunft zu geben hat. [...] Ich wies darauf hin, daß ich
in einem festen Arbeitsverhältnis stände, daß ich bei meiner
Schwester wohnte, deren Mann unbescholten wäre – alles
blieb ohne Einfluß!
Vier Wochen später wurde ich aus Berlin ausgewiesen.«

(S. 93 f.)

Das nächste Kapitel in seiner Biographie überschreibt Wilhelm Voigt mit »Wie ich auf die Idee kam«:

»In jenen Tagen las ich in einer Zeitung einen Artikel, der
die Ausweisungsklage behandelte. Darin wurde ausgeführt,
daß selbst eine ganz geringe Vorstrafe der Polizeibehörde
dazu dienen könnte, der bestraften Person den Aufenthalt
in ihrem Ort zu erschweren oder ganz unmöglich zu
machen. Wobei man gar nicht daran zu denken brauchte,
daß ein Beamter pflichtwidrig das ihm amtlich zur Kenntnis Gekommene auf privatem Wege weiterverbreitet. Dieser
Artikel ließ mich nicht wieder los. Und ich kam zu der Erkenntnis, daß ich mich auf jeden Fall in den Besitz einiger
Paßformulare setzen müsse. [...]

Die Frage drehte sich nur noch um das ›Wie und Wo??‹
Ich hatte zwei Möglichkeiten; entweder mittels nächtlichen
Einbruchs mir Zugang in die Bureauräume zu verschaffen,
um die Spinde und Fächer einer Durchsicht zu unter-
ziehen – oder aber durch einen Gewaltakt, wie ich ihn
schließlich ausgeführt habe, am hellen Tage die Behörde
einfach festzulegen und dann das zu nehmen, was ich
brauchte und was man mir versagte. Ich hatte mich bereits
auf den Standpunkt gestellt, daß ich nun auch meinerseits
gar keine Veranlassung hatte, den Behörden mit irgend-
welcher Rücksicht zu begegnen. Auch über das ›Wie‹ hatte
ich mir meine Gedanken gemacht.
Der Plan meiner Köpenickiade begann in mir zu rei-
fen! [...]
Ich hatte analoge Vorgänge, wie sie der ›Tag von Köpenick‹ bietet, schon aus der Geschichte kennen gelernt.
Ich erinnere mich an den Großen Kurfürsten, der auch den
Bürgermeister von Königsberg in der Nacht von seinen
Trabanten aufheben und nach Brandenburg schaffen ließ,
wo er, wenn ich nicht irre, 28 Jahre in der Gefangenschaft
verbringen mußte. Auch an die Geschichte des Michael
Kohlhaas dachte ich, der vielleicht den bekanntesten Typ
des Rechtsbrechers aus gekränktem Gerechtigkeitsgefühl
darstellt.«

(S. 96–98)

Voigt beginnt seinen Plan auszuführen. Instruktionen und
Eventualitäten:

»So kleidete ich mich denn in meinem Zimmer an und verließ morgens gegen $^1/_4$ 4 Uhr meine Wohnung. Zunächst
fuhr ich mit dem nächsten Zuge um 4 Uhr früh nach
Köpenick, um wenigstens das Rathaus zu sehen, kehrte
aber bereits um 6 Uhr nach Berlin zurück, nachdem ich in
einem entlegenen besseren Lokal gefrühstückt hatte. Dort
verweilte ich einige Stunden und begab mich in einer
Droschke nach der Seestraße, stieg dort aus und machte
mich mit dem Orte bekannt, wo die Wachen kampierten.
Nachdem ich mich genügend informiert, suchte ich wieder
ein Gartenlokal auf, in welchem ich zu Mittag speiste. Auf
dem Wege dahin hatte ich noch eine Begegnung mit einem
Major der Luftschifferabteilung. Auch das bürgt zur Ge-
nüge dafür, daß die so sehr bemängelte Uniform in durch-

aus tadellosem Zustande war. Nachdem ich gespeist, begab
ich mich etwa um $1/2$ 12 Uhr auf den Platz, um die Wachen
in Empfang zu nehmen.

Wider mein Erwarten sah ich bereits eine im Abmarsch begriffen. Wie ich später erfuhr, war es die Mannschaft von
der Schwimmanstalt.

Da sie nicht in ordnungsmäßiger Weise grüßte, rief ich ihr
zu: *Halt!* Und der Kommandierende der Wachtmannschaft
ließ halten und machte mir in vorschriftsmäßiger Weise die
Meldung über das ›Woher und Wohin!‹ [...]

Ich teilte also ihm und der Mannschaft mit, daß sie jetzt
nicht zur Kaserne marschieren dürften, sondern auf höhern
Befehl durch mich zu einer anderen Dienstleistung kommandiert würden. Dann befahl ich dem Gefreiten, auch die
zunächst gelegene Wache von dem Schießstande des 2. Garderegiments herbeizurufen. Dies geschah in kürzester
Frist.

Als auch die zweite Wache herangetreten und ihr Führer
die vorschriftsmäßige Meldung gemacht hatte, teilte ich
ihm dasselbe mit, bestimmte den ersten Wachtkomman-
ten zum Kommandierenden des Ganzen, ließ ihn die Mannschaft rangieren und schließen und befahl den zweiten
Kommandanten an die Queue. Darauf befahl ich den Abmarsch zum Bahnhof Puttlitzstraße.

Ich hatte, mit Rücksicht darauf, daß die Mannschaft ja
nicht zu der Kaserne zurückmarschieren konnte, bestimmt,
daß sie sich zunächst in der ersten Bahnhofsrestauration
durch ein paar Glas Bier erfrischen und dann in Köpenick
zu Mittag speisen sollte. Die nötigen Barmittel dazu hän-
digte ich dem Führer ein. Ebenso die Fahrkarten, da ich
einen Wagen nicht requirieren mochte.

So ging's nach Köpenick! [...]

Instruktionen zu irgendeiner gewalttätigen Handlung hatte
von meiner Seite niemand erhalten. Ich wußte ganz genau,
daß ich zu dem, was ich befehlen würde, unbedingten Gehorsam finden oder ihn mir jedenfalls verschaffen würde.

Später ist die Frage aufgeworfen worden, was ich wohl getan hätte, wenn nun die Bevölkerung Partei für ihre Behörde ergriffen und mich und meine Mannschaft ange-
griffen hätte.

Diese Frage zu beantworten, ist gar nicht möglich.

*Im gegebenen Augenblick würde ich eben gehandelt haben,
wie es für einen Offizier in solcher Lage geboten ist!«*

(S. 102–106)

Verhaftung des Bürgermeisters. Der Polizeiinspektor geht
baden:

»Von hier begab ich mich in das nebenliegende Zimmer des
Bürgermeisters.
Bei meinem Eintritte saß dieser hinter einem Tisch auf seinem Sessel und schien etwas überrascht. Als er meine
Charge jedoch erkannte, sprang er auf. Und wie ich auch
ihm mitteilte, daß ich ihn *auf Allerhöchsten Befehl* nach
Berlin zur Wache zu bringen hätte, war er, wie begreiflich,
zunächst darüber sehr bestürzt.
Er bat mich um Aufklärung und ich bedeutete ihm, daß er
ja dort alles erfahren würde. Und als er weiter in mich
drang, ihm zu seiner Beruhigung doch zu sagen, was eigentlich gegen ihn vorliege, da habe ich ihm völlig wahrheits-
getreu gesagt: ich wüßte das nicht. [...]
Auf dem Wege zum untersten Stock fiel es mir aber ein,
daß ich noch gar keine Polizeibeamten gesehen hatte und,
um mich darüber zu informieren, wo die Herren eigentlich
steckten, schritt ich den Korridor nach links ab und kam so
vor das Zimmer des Polizeiinspektors.
Der saß gemütlich in seinen Sessel gelehnt und schlummerte. Ich weckte ihn. Er schaute ganz verblüfft drein.
Darauf fragte ich ihn, ob er denn dafür von der guten
Stadt Köpenick bezahlt würde, daß er hier säße und
schlummerte? Er möchte die Güte haben, sich hinaus zu
bemühen und dafür zu sorgen, daß in den Straßen die
nötige Ordnung eingehalten würde, und in dem Verkehr
keine Störung eintrete.
Schleunigst entfernte er sich, wurde aber von dem Posten
am Portale nicht durchgelassen und kam ganz verdutzt
und verstört zu mir zurück.
Der Posten ließe ihn nicht hinaus, erklärte er mir und bat
mich, ihn doch zu beurlauben, da er baden müsse.
Da mir dies wirklich dringend nötig erschien, so bekam er
seinen Urlaub. Und wie es schien, war es tatsächlich eine
große Wäsche, die er veranstaltete, denn ich bekam ihn
nicht wieder zu sehen.

Nachdem so auch dem Humor sein Recht geworden, trat wieder der ganze Ernst der Situation an mich heran, und ich suchte den stellvertretenden Bürgermeister auf.«

(S. 108 f.)

Voigt bemerkt seinen Fehler. Zuspruch und Einschüchterung für den Bürgermeister. Ablehnung von zwei Millionen Mark:

»Kurz hinterher, nachdem ich noch verschiedene städtische Angelegenheiten erledigt hatte, kam ein junger Mann und legte mir seinen Militärpaß zur Einsicht vor. Als ich dieses Büchlein in die Hand nahm, erinnerte ich mich plötzlich des Augenblicks, in welchem ich *meinen* Paß in Tilsit in Empfang genommen hatte. Ich hatte ihn nicht im Polizeisekretariat, sondern im Sekretariat des Landratsamtes empfangen und wußte nun, *daß ich vergeblich nach Köpenick gegangen war.*
Ein Landratsamt ist in Köpenick nicht vorhanden, sonst hätte ich sofort die ganze Geschichte im Landratsamt wiederholt.
So aber blieb mir hier nichts weiter übrig, als allmählich abzubrechen und die Mannschaft nach Berlin zurückzuschaffen, denn eine weitere Reise nach Fürstenwalde schien mir doch etwas bedenklich. [...]
Wie mir schien, hatte der Herr Bürgermeister, während der Zeit, da ich nicht bei ihm war, die Sache von allen Seiten erwogen. Er legte mir nämlich nach einer Einleitung die Frage vor – in Form einer Bitte – ob ich ihm nicht beweisen wolle, daß ich zu seiner Festnahme, die doch in ungewöhnlicher Form vor sich gehe, auch berechtigt wäre.
Ich drehte mich mit einer halben Wendung nach rechts, zeigte mit der Hand auf die drei draußenstehenden Soldaten und sagte: ›*Nun, ich glaube, ich bin bei Ihnen doch legitimiert genug!*‹
Für einen Nichtoffizier ist diese Handlungsweise unverständlich, und gibt Anlaß zu der Vermutung, daß ich dem Bürgermeister mit den Waffen habe drohen wollen. Ein Offizier konnte in diesen Irrtum nicht verfallen, denn es waren vertreten: die Uniform des ersten Garderegiments, das nach Potsdam gehört, die Uniform des vierten Garderegiments und die Uniform des Gardefüsilierregiments, das

in Berlin steht. Ein Offizier der Potsdamer Garnison kann
aber zu einer Diensthandlung in und um Berlin, sofern er
sich der Mannschaft aus einer Berliner Garnison dazu be-
dienen muß, diese nur durch die Stadtkommandantur erhalten haben.
Mithin konnte jemand, der diese Vorschriften kannte, an
meinem dienstlichen Auftrage nicht zweifeln. Ich war also
dadurch allein dem Bürgermeister, der, wie ich später erfuhr, Leutnant der Reserve ist, genügend legitimiert.
Ob der Herr meine Handbewegung in diesem oder in ande-
rem Sinne gedeutet hat, weiß ich nicht. Da er ganz ge-
knickt schien, tat er mir wirklich leid und ich begann ihn
nach seiner früheren Lebensstellung zu befragen. Dadurch
erfuhr ich, daß er Leutnant der Reserve sei. Ich sagte, um
ihn zu beruhigen, daß man ihm in Berlin wohlwolle; sonst
würde man nicht, um einen Leutnant zu verhaften – einen
Hauptmann schicken!
Alsdann forderte ich ihm sein Ehrenwort ab, keinen Flucht-
versuch zu machen. Er gab es mir auch bereitwillig. Sodann
verließ ich ihn wieder für einige Zeit. Als ich aber später
zurückkehrte und er etwas dringlicher an mich herantrat,
verwies ich dies ihm mit den Worten: ›Sie wissen, Herr
Bürgermeister, daß ich Sie bis jetzt sehr freundlich behandelt habe! Es wäre mir leid, wenn ich anders auftreten
müßte!... Aber ich kann Sie auch härter behandeln; *ich
kann Sie zum Beispiel in den Keller führen und einsperren
lassen!*‹
Das machte ihn denn doch etwas stutzig, und er ließ es
denn auch nicht darauf ankommen. Mir war das sehr lieb,
denn wenn ich auch meine Stellung im Rathause – schon
mit Rücksicht auf meine Mannschaft – absolut wahren
mußte, so wollte ich mich doch von jeder unnötigen Härte
freihalten, wie mir das ja glücklicherweise auch durchaus
gelungen ist. [...]
Ich selbst begab mich ins Kassenzimmer, um auch dem
Rendanten die Bestimmung über seine Abreise mitzutei-
len.
Zu meinem Erstaunen trat er auf mich zu und bat mich an
den Tisch zu treten, auf dem er die Tageskasse im Betrage
von 4000 Mark aufgezählt hatte. *Dabei ersuchte er mich,
ich sollte die Kasse übernehmen!*
Ich war ganz erstaunt darüber, denn ich hatte mit keinem

Worte und mit keiner Silbe geäußert, daß ich die Kasse
übernehmen wollte. Sie wäre ohne diese Übergabe ruhig in
Köpenick geblieben. Darauf legte mir der Rendant einen
Schein vor und bat mich, denselben zu unterschreiben.
Sowohl der Rendant wie ich waren über den Zweck dieses
Scheines, der gleichen Ansicht. Er wünschte nämlich, einen
Revers darüber zu haben, daß der Kassenbestand richtig
vorhanden war, und ich wollte ihm bescheinigen, daß es so
sei. Es war das eine rein formelle Sache, der ich bis hierher
noch gar keine weitergehende Bedeutung beilegte.
Ich nahm also die Feder, bescheinigte, wie ich glaubte, den
Bestand, und unterzeichnete monogrammäßig mit meiner
augenblicklich angenommenen Charge. Ich wollte eben den
Kopf zurückheben, als mein Auge auf die Überschrift des
Scheines fiel. Da bemerkte ich, daß dort das Wort ›Quit-
tung‹ stand.
Das änderte die Sachlage.
Wenn ich eine Quittung resp. Empfangsbescheinigung aus-
stellte, dann war ich auch für den Verbleib des Geldes ver-
antwortlich.
Ich war nun zuerst schwankend. Doch mußte ich ja zu der
Erwägung gelangen, daß ich das Geld nicht dalassen durfte.
Tat ich das, so konnte es mir leicht ergehen wie damals im
Kassengewölbe zu Wongrowitz. Von diesem Gesichtspunkte
aus nahm ich das Geld an mich.
Dann kam der Rendant auf mich zu und übergab mir die
Schlüssel zum offenstehenden Geldschrank und sagte zu
mir:
›Herr Hauptmann, hier liegen noch weitere zwei Millionen,
die der Stadt Köpenick gehören.‹
Da wandte ich mich zu meinen beiden Grenadieren und
sagte:
›Sie haben gehört, daß hier zwei Millionen vorhanden sind.
Das geht mich nichts an!‹
Ich ergriff nun selbst die Kassenschranktür und schlug sie
zu.
Wäre ich nur nach Köpenick des Geldes wegen gegangen,
so hätte ich doch wirklich ganz einfältig gehandelt, wenn
ich mit 4000 Mark davongegangen wäre und zwei Millionen hätte liegen lassen. Der Einwurf, daß diese in Staats-
papieren bestanden, ist mir gegenüber ganz hinfällig, denn
selbst gestohlene Wertpapiere lassen sich in den Nachbar-

staaten mit Leichtigkeit zu ihrem annähernd reellen Werte umsetzen, ich besitze Kenntnisse genug, um derartige Unternehmen auch realisieren zu können.«

(S. 116–119 u. 122–124)

Kallenbergs Verrat. Polizeiliche Vernehmung und Untersuchungshaft:

»*Die Behörde würde auch den ›Hauptmann von Köpenick‹ noch heute vergeblich suchen, wenn sich nicht ein ›Judas‹ gefunden hätte*, der den ausgesetzten Lohn von dreitausend Mark sich verdienen wollte.
Vor etwa sieben Jahren hatte ich im Gespräch mit Gefangenen, die sich darüber unterhielten, wie schwer es sei, mal ein ordentliches Geschäft zu machen, weil man so selten genügend Leute zusammen bekommen konnte, auf die wirklich Verlaß wäre, geäußert:
›Ihr Einfaltspinsel, wenn ich mich zu derartigen Sachen hergeben wollte, dann würde ich mir einfach Soldaten von der Straße holen!‹
Diese hingeworfene Bemerkung hatte sich mein lieber Freund Kallenberg gemerkt. Jetzt war eine derartige Sache wirklich ausgeführt worden, und da entsann er sich sofort unserer damaligen Unterredung.
Er machte von diesem seinen Wissen der Behörde Mitteilung. Da ich stets angemeldet gewohnt habe und auch der Arbeitsplatz, auf dem ich beschäftigt war, den Behörden bekannt war, so war es leicht, meinen Aufenthaltsort festzustellen. [...]
Der Chef der Kriminalpolizei verhandelte in der freundlichsten Weise mit mir. Nur als die Herren in etwas freier Weise sich über die Köpenicker lustig machen wollten, erklärte ich ihnen mit dürren Worten, *daß es den Herren von der Polizei genau ebenso ergangen wäre, wenn es mir gefallen hätte, auf das Berliner Polizeipräsidium zu kommen!*
Und als sie das in Abrede stellten und sich auf ihr besseres Wissen und ihre größere Einsicht in solchen Fällen beriefen, da machte ich es ihnen gleich in drastischer Weise vor, wie es *ihnen* etwa ergangen wäre, und ich glaube, sie gestanden stillschweigend ein, daß sie keinen Grund hatten, andre zu belächeln.«

(S. 128–130)

Der Prozeß:

»Ich konnte bemerken, wie alles dies doch eine sehr ernste
Stimmung im Publikum hervorrief. Als dann die ganzen
Machinationen des Bureaukratismus klar vor aller Augen
lagen, fühlte ich förmlich die Teilnahme, die für mich und
meine Angelegenheit unter den Anwesenden Platz griff.
Als nach Schluß der Beweisaufnahme der Staatsanwalt zu
seinem Plädoyer das Wort ergriff, da lauschte alles mit
großer Spannung, wie er sich zu der Sache stellen würde.
Der Staatsanwalt suchte in seiner Rede diese Teilnahme soviel wie möglich zu verwischen. Mit negativem Erfolg!
In seinen Eingangsworten sagte er, ich hätte eine Tat vollbracht, die die Bewunderung der ganzen Welt erregt hätte.
Diese Bewunderung verdiene ich aber nicht, denn ich hätte
den ganzen Staatsorganismus in Trümmer geschlagen. Ich
fand diese Ausdrucksweise etwas eigentümlich! Ich, der be-
scheidene Mann, der friedlich seines Weges dahinzieht, dem
jede Gewalttat in seinem Leben ferngelegen hat, mit zehn
Gardesoldaten, drei Gendarmen und zirka sieben Polizeibeamten die ganze Staatsordnung in Trümmer geschlagen!!
Ich habe ihm nichts darauf geantwortet und mir nur das
Entsprechende dabei gedacht.
Weiter fuhr er fort, mich und meine Auslassungen zu
widerlegen, und zwar in einem neuen merkwürdigen
Satze.
Er behauptete, wenn es mir nur um einen Paß zu tun gewesen wäre, dann hätte ich nicht nach Köpenick zu gehen
brauchen, den hätte ich mir in der ersten besten Kaschemme
holen können.
Das heißt, der Mann, der mich jetzt eben wegen Urkundenfälschung zur Verantwortung ziehen will, zeigt mir einen
Ausweg, der, wenn ich ihn betreten hätte, mich doch wohl
gleichfalls zum Urkundenfälscher gemacht hätte!
Das ist nun allerdings ein sehr eigenartiges Ansinnen, um so
mehr, da mir die Kaschemmen gänzlich unbekannte Orte
sind, und ich mich erst beim Herrn Staatsanwalt hätte er-
kundigen müssen, was darunter zu verstehen ist und was
da etwa für mich zu holen gewesen wäre.
Zum Schluß beantragte er eine Strafe von fünf Jahren
Zuchthaus.

Zunächst trat mein Rechtsanwalt Dr. Schwindt auf und hielt seine Rede, welche lediglich die moralische Seite der Angelegenheit zum Vorwurfe hatte.

Ich war bereits durch die Verhandlung so erschöpft, daß ich sie am liebsten in Anbetracht meiner Gesundheit auf einige Stunden unterbrochen gesehen hätte, aber ich ließ es gehen, nur konnte ich nicht mehr mit der nötigen Aufmerksamkeit der Rede meines Verteidigers folgen und habe deshalb auch nicht bemerkt, welchen Eindruck dieselbe auf die Anwesenden gemacht hat. Nach ihm ergriff mein zweiter Verteidiger, Rechtsanwalt Bahn, das Wort.

Er hatte die rechtliche Seite als sein Thema gewählt. Er behauptete, daß meine Behandlung in Mecklenburg nicht auf dem Boden des Gesetzes gestanden hätte, mithin eine ungesetzliche Gewalttat gewesen sei. Er enthüllte klar, wie durch die Manipulationen der Polizeibehörden die Verbrecher und das Verbrechertum geradezu gezüchtet würden; er machte darauf aufmerksam, daß Gesetze, die vor sechzig Jahren am Platze waren, bei den heutigen Kulturverhältnissen und Lebensbedingungen nicht mehr anzuwenden seien und daß sie gerade das Entgegengesetzte von dem zeitigten, was sie nach der Absicht des Gesetzgebers wirken sollten. [...]

Im ernsten Ton verkündete er zunächst das gefällte Urteil: *Vier Jahre Gefängnis!*

Mir fiel es auf, wie der Vorsitzende sich bei der Klarlegung der juristischen Gründe fast durchweg an den Wortlaut des Plädoyers des Staatsanwaltes hielt. Er wiederholte sogar ganze Sätze aus der Anklageschrift wörtlich! Andrerseits schien es, als könne er sich auch den Gründen, die gegen die Auffassung des Staatsanwaltes sprachen, nicht verschließen.

Fast väterlich war der Ton, in welchem er mich darüber belehrte, daß nur auf Grund der harten Vorstrafen das Urteil so gefallen war. [...]

Nun folgte etwas, was wohl in der Rechtspflege ohne Beispiel dasteht:

Nachdem ich auf die Frage, ob ich das Urteil annehme, bejahend geantwortet hatte, war die Sitzung geschlossen.

Der Vorsitzende legte sein Barett ab, zog seinen Talar aus, trat zu mir an die Schranken und wünschte mir ›Gottes Segen‹, daß ich meine Strafe gesund überstehen möge.«

(S. 138–140 u. 142 f.)

Der Ruhm:

»Aber schon war Frau Fama geschäftig gewesen. Alle Welt
wußte von meiner Befreiung. Und bald hatten sich denn
auch die Pioniere der modernen Zivilisation, die Amateur-
photographen und Photographen vom Fach eingestellt; und
während ich den Fuß auf den Tritt der Droschke stellte,
waren bereits eine Anzahl von Objektiven auf mich gerichtet, um diesen denkwürdigen Moment zu verewigen.
Schon am frühen Morgen hatte die Post eine große Anzahl
Briefe für mich gebracht, und ich wollte die Muße der
Fahrt dazu benutzen, um sie auf dem Wege zur Stadt zu
lesen.
Als ich aber einen Augenblick hinter mich schaute, sah ich,
wie die Photographengesellschaft im Auto hinter mir her-
fuhr, an jedem Haltepunkt umstellten sie meine Droschke
so, daß mein Kutscher nicht losfahren konnte, die Zwi-
schenzeit benutzten sie, um mich in allen möglichen Stellungen aufzunehmen. Ich habe ziemlich drei Stunden gebraucht, bis es mir endlich gelang, ihren Glasaugen zu ent-
kommen.«

                                                    (S. 152)

VI. Aus dem Roman
»Der Hauptmann von Köpenick«
von Wilhelm Schäfer

Wilhelm S c h ä f e r (1868–1952) versuchte in seinem Roman »Der Hauptmann von Köpenick« (1930), Voigts Leben
in plastischen, atmosphärisch dichten Bildern zu erzählen.
Der Roman gründet sich auf ausführliche Gespräche Schäfers mit Wilhelm Voigt.
Hier die Gestaltung der Beziehung des jungen Voigt zu
einer Kellnerin, die im Stück Zuckmayers als Mädchen aus
der »Hotelkichenbrangsche« erscheint.

Tegelort

So saß Wilhelm Voigt mit seiner mißglückten Freiheit wieder eine Woche lang bei dem Schwintowski, ließ sich von
dem Züllichauer schinden und aß von dem mageren Futter,
das ihnen die Meisterin vorsetzte. Abends strich er in den
Straßen herum, wagte aber nicht, das Gebot zu übertreten
und die Kellnerin bei ihrem Geschäft zu stören. Am Sams-
tag kam dann wieder ein Brief von ihr: sie hätte sich für
den ganzen Tag frei gemacht, und sie wollten zusammen
nach Tegel.
Diesmal brachte Wilhelm Voigt seinen Ranzen nicht auf
den Stettiner Bahnhof; der Tiroler hatte ihn bis auf den
letzten Pfennig ausgeplündert, und Lohn bekam er auch
keinen. Aber als er um acht Uhr früh in der Chaussee-
straße antreten wollte, stand die Elisabeth Zwirrne mit
ihrem rotgestreiften Sonnenschirm unten im Torweg, obwohl schon Herbst in den Morgenwind wehte, und hatte
auf ihn gewartet. Heute gehts hoch her! sagte sie und zeigte
ihm ein Goldstück, sodaß er zum wenigsten aus den Nöten
mit seinem leeren Geldbeutel war.
Sie fuhren mit der Bahn bis Spandau und machten einen
langen Weg durch Felder und Heide, dann im Wald am
Wasser vorbei, erst unter andern Leuten, zuletzt allein, bis
sie müde und verschwitzt – denn der Herbsttag war wind-
still und warm geworden – zum Mittag nach Tegel kamen,
wo sie in einer Gartenwirtschaft aßen und eine Flasche

Wein tranken, was Wilhelm Voigt mit dem Goldstück be-
zahlte, aber den Rest mußte er ihr genau wiedergeben.
Jetzt nehmen wir einen Wagen nach Tegelort! entschied
sie; denn der Wein hatte sie beide noch müder gemacht. Sie
fanden aber weder einen Kutscher, noch führte ein Fahr-
weg dahin. Darüber wurde die Kellnerin eigensinnig, und
zuletzt gingen sie zu Fuß, wieder einen langen Weg durch
Wald, bis sie ans Wasser und verdrießlich daran vorbei
endlich an das Wirtshaus Tegelort kamen, wo der See in
drei Teilen auseinander geht.
Da wollte die Zwirrne, die den ganzen Weg verbissen und
wortlos vor ihm her gegangen war, noch einmal Wein trin-
ken, ließ aber das Glas stehen und ging in den Wald zurück, sich unter ihrem Sonnenschirm schlafen zu legen.
Wilhelm Voigt saß und strich eine Weile gähnend herum,
bis er sie schnarchen hörte; dann kroch er unter einen
Busch, sodaß sie beide da in dem Wald bis in den späten
Nachmittag schliefen und auch durch Niemand gestört
wurden.
Er erwachte erst wieder, als sie nach ihm rief. Da saß sie
schon mit dem Rücken gegen einen Kiefernstamm und sah
über den See hinaus, darin sich die Wolken von der Farbe
des Wassers bräunlich spiegelten. Der ganze See ist Kaffee!
sagte sie, lachte aber nicht über den Witz; und nachher
wollte sie, daß er ihr den Hof mache, zu welchem Zweck
er vor ihr nieder knien und allerlei Worte sagen mußte, die
sie ihm vorsprach. Er tat ihr auch richtig den Willen, aber
sie bemerkte darüber, daß sein Anzug nicht zu den vor-
nehmen Worten paßte – was er selber wußte – und daß
seine Hosentasche am Rand ausgerissen war. Weil sie Näh-
zeug bei sich hatte, mußte er, ob er wollte oder nicht, in
dem Wald seine Hose ausziehen; und sie flickte den Schaden mit schwarzem Zwirn.
Danach schien es ihm, sie müßten sich auf den Heimweg
machen, aber sie blieb eigensinnig: Heim hat unsereins
nicht! trotzte sie und gestand, daß sie ihren Budiker ohne
Urlaub versetzt habe. Sie ginge nicht zurück, eher ins Wasser, als noch einmal in die Bayrische Maskerade; sie sei die
Schufterei satt!
Darüber liefen ihr ein paar dicke Tränen langsam über das
Puppengesicht bis in die Mundwinkel hinunter; und so
saßen sie da in dem Wald von Tegelort, bis die Dämme-

rung das braune Wasser blau machte. Zuletzt mußte ihr
Wilhelm Voigt von Tilsit erzählen, ob das schon in Rußland läge oder doch nahe daran? Als er ihr dabei von dem
Schloß sprach und wie er mit dem jungen Grafen geritten
hätte, fand sie das herrlich und wollte jede Einzelheit wissen,
wie solch ein Schloß inwendig aussähe, und ob die
Gräfin viele Perlenketten hätte? Er log ihr natürlich ein
halbes Dutzend an und Diamanten dazu, weil sie es
wollte.

Und wie er ihr so eine Weile nach dem Mund geredet hatte,
fing sie an zu sprechen und war selber die Gräfin: Wenn
der Winter kommt, fahren wir nach Petersburg. Da haben
die Damen kostbare Pelze an; aber meiner ist der schönste;
schwarz mit Hermelin; und seidene Schuhe dazu, mit Gold
bestickt, eine Krone auf jedem!

Derart ging das lange fort, als wäre die Kellnerin unter
dem Kiefernbaum verrückt geworden. Dann war sie lange
still, und auf einmal lachte sie höhnisch, warf sich mit beiden Armen vornüber ins Gras, jämmerlicher zu weinen als
an dem Abend in ihrem Zimmer: Die Andern haben alles,
wovon wir uns die Redensarten vormachen! klagte sie:
Unsereins ist ein armer Hund!

Wilhelm Voigt saß dabei und kaute an einem Grashalm, bis
sie, immer noch bäuchlings im Gras liegend, sächsisch zu
sprechen begann, sodaß er nur einzelne Worte verstand:
von der Heimat und der Mutter im Sarg.

Es schien ihm ein Gedicht, was sie hersagte; denn es erinnerte ihn an das Grafenfräulein in Tilsit, an ihre Stimme
und ihr Gesicht dazu in der Mädchenschule. Nicht zu heu-
len an dieser Erinnerung, lachte er laut und trotzig, und
das brachte die arme Elisabeth Zwirrne aus ihrer Verwir-
rung zurück. Sie schwieg und sah ihn sonderbar an,
schluchzte noch einmal aus der Tiefe, ehe sie aufstand und
gegen das Wirtshaus hinunter ging. Wilhelm Voigt raffte den
Sonnenschirm, den sie liegen ließ, und wollte ihr folgen;
aber sie wies ihn ab und fing an zu rennen, als wäre sie auf
der Flucht vor ihm.

(Schäfer: Der Hauptmann von Köpenick.
München: Müller 1930. S. 108–111)

Voigts letzte Stelle vor dem Streich von Köpenick:

Der Hofschuhmacher

Es war schon gegen die Dunkelheit, als Wilhelm Voigt mit
einem mahlenden Tauwetterwind im Rücken die Haustür
aufmachte, so daß hinten die Hoftür krachend zuschlug.
Durch den Lärm gerufen kam der alte Holbrecht aus dem
Büro, das rechts von der Treppe lag, während es links in
den Laden ging, und die Werkstatt befand sich hinter dem
Büro im Hof. Weil unterdessen der 13. Februar war, hatte
der Alte kaum noch auf ihn gewartet und schien ihn auf
einen Kunden zu schätzen; denn er fragte nach seinen
Wünschen.
Wilhelm Voigt stellte die Pappschachtel, mit der er diesmal
gereist war, neben sich auf den Fliesenboden, holte seine
Anstaltspapiere aus der Juchtentasche, die er immer noch
hatte, und reichte sie schweigend hin.
So, so! sagte der Hofschuhmacher und machte die Tür zum
Büro auf, wo sein Sohn mit der Schreibhilfe gerade dabei
war, die Lampen anzustecken. So, so! wiederholte er drin-
nen und betrachtete die gebeugte Gestalt mit Sorgfalt: Ihr
könnt es mit den Maschinen? Hier mein Sohn Albrecht
wird Euch sein Teufelszeug zeigen. Sonst bin ich noch der
Hausherr! Kommt also herauf, es wird unterdessen Kaffee-
zeit sein! Und während die beiden anderen auch die Flur-
lampen ansteckten, tappte er vor Wilhelm Voigt die Treppe
hinauf. Luise! rief er oben in den noch dunklen Gang hinein: Mach Licht! Er ist da.
So, so! begann der Hofschuhmacher zum dritten Mal, als er
den Ankömmling in der von einer Hängelampe behaglich
erleuchteten Stube hatte, und gab ihm entschlossen die
Hand: Hier ist mein Haus! Da hinauf kommt mir außer
im Krieg keiner, er sei denn herzlich willkommen! Die
kleine rundliche Frau tat ebenso, auch der Sohn, der darüber herein kam.
Als sie danach um den runden Tisch saßen und die Frau
hatte den Kaffee eingeschenkt, gab es eine grausame Stille,
weil Wilhelm Voigt zu wissen glaubte, was die drei nun
dachten. Aber es war nur, weil der alte Holbrecht seine
Worte überlegte, und die beiden andern warteten nach der
Sitte.
So, so! damit schienen alle Sätze bei ihm zu beginnen, und

auch dieser, als er nun freimütig sagte: Hier an meinem
Tisch muß reine Luft sein! Ich bin der Hofschuhmacher
Holbrecht, das ist meine Frau Luise, geborene Haber-
schwend, und dies ist mein Sohn Albrecht! Ihr, Wilhelm
Voigt, kommt aus dem Zuchthaus: das wissen wir vier um
diesen Tisch; sonst geht es keinen was an! Pastor Renner
hat mir aus Rawitsch geschrieben, Ihr wäret ein guter Maschinist und ordentlicher Mann. Was der Pastor mir, seinem
halben Vetter schreibt, ist richtig; sonst schriebe ers nicht.
Also Herr Voigt, hiermit ist Rawitsch zu Ende, und Wismar
fängt an!

So freimütig wie seine Worte war auch sein Gesicht mit
dem Seemannsbart, als er dem neuen Hausgenossen in die
Augen sah, weder lächelnd noch finster, nur blank. Und als
der Sohn, der nicht von seiner graublonden Art, sondern
dunkel und flink wie die Mutter war, sogleich mit fach-
männischen Fragen nach dieser und jener Maschine begann,
nickte er mit gehobenem Zeigefinger dazu, wie wenn er
sagen wollte: So ist es recht! Er sagte aber nur: So, so!

(S. 234–236)

VII. Dokumente zur Tat und zum Prozeß

Die Prozedur der Ausweisung Voigts aus Rixdorf, unmittelbar vor dem Abenteuer von Köpenick, ist in den Akten festgehalten:

Der Polizei-Präsident   Rixdorf, den 14ten August 1906
Tageb.-No. III 8265.06.   bei Berlin

An den
Polizei-Präsidenten
in Berlin.

Betrifft
Antrag auf Ausweisung des Maschinisten
(Schuhmachers) Wilhelm Voigt.
Ohne Verfügung.
Anlage: Personalakten des Auszuweisenden.

Der in den anliegenden Akten benannte Maschinist, auch Schuhmacher, Friedrich *Wilhelm* Voigt, am 13. Februar 1849 in Tilsit geboren, ist am 1. v. Mts. von Wismar kommend in Rixdorf zugezogen, um hier seinen dauernden Aufenthalt zu nehmen. Er ist nicht verheiratet und wohnt Kopfstraße 27 bei seiner Schwester als After-Mieter.
Nach Auskunft der Königlichen Staatsanwaltschaft in Tilsit ist Voigt

1. am 12. Juni 1863 vom Kreis-Gericht in Tilsit wegen Diebstahls mit 14 Tagen Gefängnis,
2. am 9. September 1864 vom Kreis-Gericht in Tilsit wegen Diebstahls mit 3 Monaten Gefängnis,
3. am 11. September 1865 vom Kreis-Gericht in Tilsit wegen Diebstahls im wiederholten Rückfalle mit 9 Monaten Gefängnis und 1 Jahr Ehrverlust,
4. am 13. April 1867 vom Schwurgericht in Prenzlau wegen Urkundenfälschung mit 10 Jahren Zuchthaus, 1500 Taler Geldbuße, eventuell 2 Jahren Zuchthaus,
5. am 5. Juli 1889 vom Landgericht in Posen wegen eines teils schweren, teils einfachen Diebstahls mit 1 Jahr Gefängnis,
6. am 18. Januar 1890 vom Landgericht in Posen wegen intellektueller Urkundenfälschung mit 1 Monat Gefängnis zusätzlich zu 5,

Fotografie Wilhelm Voigts aus der Strafvollzugszeit, 1906
(Foto: Bildarchiv Preußischer Kulturbesitz, Berlin)

7. am 12. Januar 1891 vom Landgericht in Gnesen wegen
   Diebstahls mit 15 Jahren Zuchthaus und 10 Jahren Ehrverlust pp. (handschriftlich eingefügt: Zulässigkeit der
   Polizeiaufsicht bis 12. 2. 1911)
bestraft worden. Ferner ist er nach Mitteilung des Polizei-
amts in Wismar durch Verfügung des Herrn Regierungs-
präsidenten in Breslau vom 29. Dezember 1905 unter
Polizei-Aufsicht gestellt und ist ihm deshalb der Aufenthalt
im Großherzogtum Mecklenburg-Schwerin verweigert worden.
Ich bitte, ihn daher als eine für die öffentliche Sicherheit
und Moralität gefährliche Person aus Rixdorf auszuweisen.

In Vertretung
(Unterschrift unleserlich)

Der Polizei-Präsident.   Berlin O. 25, den 17. August 1906
Abteilung V.   Alexanderstr. 3–6

Tageb.-Nr. 5637.V.12/06.

Es wird ersucht, bei etwaigen Eingaben in
vorliegender Angelegenheit die obige Tage-
buchnummer anzugeben.

Ausweislich der mir vorliegenden Akten sind Sie *wiederholt
wegen Urkundenfälschung und Diebstahls* bestraft worden,
mithin als eine für die öffentliche Sicherheit und Moralität
gefährliche Person zu erachten. Demgemäß habe ich auf
Grund der mir nach § 2 Nr. 2 des Gesetzes vom 31. Dezember 1842 und nach § 3 des Gesetzes über die Frei-
zügigkeit vom 1. November 1867, sowie nach den Gesetzen
vom 12. Juni 1889 und 13. Juni 1900 zustehenden Befugniß
beschlossen, Sie von Landespolizei-Wegen aus Berlin, Charlottenburg, Schöneberg und Rixdorf, sowie den Amtsbezir-
ken Friedenau, Wilmersdorf, Schmargendorf, Tempelhof,
Britz, Treptow, Lichtenberg, Reinickendorf, Weißensee,
Stralau, Boxhagen-Rummelsburg, Pankow und Tegel auszuweisen, und fordere Sie deshalb auf, *den Ausweisungsbezirk* binnen vierzehn Tagen zu verlassen, mit dem Eröff-
nen, daß, wenn Sie nach Ablauf der erhaltenen Frist im
Ausweisungsbezirk verbleiben werden oder dorthin zurückkehren, gegen Sie auf Grund des § 132 Nr. 2 des Gesetzes
über die Allgemeine Landesverwaltung vom 30. Juli 1883
eine Geldstrafe von zunächst 100 Mark oder im Unver-

mögensfalle eine Haftstrafe von 10 Tagen festgesetzt und
vollstreckt werden wird.

Gleichzeitig werden Sie darauf aufmerksam gemacht, daß
Sie, falls Sie in den nachstehend aufgeführten um *Berlin*
belegenen Ortschaften Potsdam, Spandau, Friedrichsfelde,
Karlshorst, Friedrichshagen, Wuhlheide mit Ober-Schöne-
weide, Fichtenau, Rahnsdorf, Hohen-Schönhausen, Heiners-
dorf, Blankenburg, Französisch-Buchholz, Karow, Buch,
Schönerlinde, Zepernick, Bernau, Nieder-Schönhausen Dorf
und Gut, Rosenthal, Dalldorf, Königswusterhausen, Zeu-
then, Eichwalde, Schmöckwitz, Coepenick, Kietz bei Coepenick, Coepenicker Forst (Gut), Grünau, Alt- und Neu-
Glienicke, Rudow, Adlershof, Nieder-Schöneweide, Johan-
nisthal, Mariendorf, Marienfelde, Lankwitz, Steglitz, Groß-
Lichterfelde, Zehlendorf, Teltow, Klein-Machnow, Stahnsdorf, Grunewald, Wannsee, Klein-Glienicke, Nowawes,
Neuendorf, Eiche, Bornim und Bornstedt Ihren Aufenthalt nehmen sollten, Ihre Ausweisung aus den betreffenden
Ortschaften zu gewärtigen haben.

I. V.: *Friedheim.*

An
den Maschinisten
Herrn *Wilhelm Voigt*
in Rixdorf 27

Behändigungsschein

Eine Ausweisungsverfügung des Herrn Polizei-Präsidenten
von Berlin habe ich heute durch das 7. Polizeirevier erhalten.
Nr. 5637 V 12/06
Rixdorf, den 24. August 1906

Bertha Menz, geb. Voigt

Vorstehend erwähnte Verfügung ist heut von mir selbst dem
p. Voigt 10 Uhr vorm. in dessen Abwesenheit an seine
Schwester behändigt worden.
Rixdorf, den 24. August 1906

Der Schutzmann
Rochow 174

(Zitiert nach Wolfgang Heidelmeyer, Hrsg.:
Der Fall Köpenick. Frankfurt a. M. u. Hamburg 1968. S. 60–62)

Die Ratlosigkeit der Ermittlungsbehörden unmittelbar nach der Tat spiegelt sich in folgendem Zeitungsbericht:

»Wohl hatte man hier und da Zweifel an der ›Echtheit‹ dieses Hauptmanns, der so wenig Militärisches in seinem Äußern zur Schau trug. Schon das für einen Hauptmann ungewöhnlich hohe Alter von 60 bis 70 Jahren, die gebeugte Haltung und vor allem die Kleidung: grauer Offiziersmantel, umgeschnallt und – Mütze fielen auf, während sonst wichtige Aufträge im Helm auszuführen sind. Das Gesicht war klein und blaß, die Augen tiefliegend, blauumrändert, und der herabhängende Schnurrbart grauweiß. Mit Bestimmtheit ist festgestellt, daß der Verbrecher schon gestern früh in Cöpenick sich umgesehen hat. Kurz nach 5 Uhr früh erschien bei Herrn Gastwirt Augustin, Ecke Grünstraße, derselbe Hauptmann, trank eine Tasse Kaffee und entfernte sich, nachdem er dem Wirt auf dessen Frage erklärt hatte, er habe hier dienstlich zu tun. Der Mann, dessen Aussehen wenig auf den Offizier schließen ließ, ging durch die Kirchstraße nach dem Rathause zu, wo ihn mehrere Personen beobachtet haben. Da er bereits um ¹/₂ 5 Uhr an der Dammbrücke gestanden haben soll, dürfte er mit dem 1. Zuge von Berlin eingetroffen sein. Andere Arbeiter erzählen, daß sie mit dem falschen Hauptmann gestern früh von hier *nach* Berlin gefahren sind, und zwar in einem Coupee 3. Klasse. Es fiel ihnen auf, daß ein Hauptmann in voller Uniform die dritte Wagenklasse benutzte. Auch sonst war sein Verhalten sehr seltsam; indessen glaubte man es mit einem harmlosen Irren zu tun zu haben.

Die Nachforschungen nach dem Täter sind leider ergebnislos geblieben. Es ist nur festgestellt, daß der Schwindler den Zug, den er von hier nach vollbrachter Tat benutzte, in Kietz-Rummelsburg verlassen hat. Man vermutet in ihm einen ehemaligen Unteroffizier oder einen Einjährig-Freiwilligen, da sein Benehmen auf einen gebildeten Menschen schließen ließ. Die Berliner Polizei hat die ganze Nacht und am heutigen Vormittag nach Spuren von dem Täter gesucht, aber nichts gefunden. Erschwert werden die Nachforschungen dadurch, daß der Täter sich wahrscheinlich seiner Uniform entledigt hat.

Heute früh trafen im Rathause dieselben Mannschaften, die

dem Pseudo-Hauptmann gestern bei seinem Raubzuge
wider Willen hilfreiche Hand leisteten, unter Führung eines
Feldwebels von Berlin ein. Zwei Berliner Kriminalkommissare leiten die Untersuchung.
Daß gerade *Cöpenick* zum Schauplatz eines solchen einzigdastehenden Brigantenstreichs wurde, ist wohl darauf zurückzuführen, daß wir keinerlei Militär haben, solches auch
nicht in der Nähe ist, so daß ein schnelles Eingreifen von
dieser Seite nicht zu befürchten stand. Jedenfalls war der
Raubzug von langer Hand vorbereitet, da der Gauner sich
einer Militärabteilung versicherte, die ohne Begleitung
höherer Chargen war.«

> (Cöpenicker Dampfboot – zugleich Anzeiger
> für Adlershof, Alt-Glienicke, Grünau, Karls-
> horst, Ober- und Niederschöneweide, 17. 10.
> 1906. Zitiert nach Heidelmeyer, S. 82 f.)

Der Vorfall gibt den Zeitungen Gelegenheit, an solche Fälle
zu erinnern, bei denen der Mißbrauch einer Uniform ebenfalls im Spiel war:

»Die suggestive Wirkung und Kraft der Uniform steckt
sogar in einzelnen Kleidungsstücken. In den 70er Jahren
erschien in Niederschlesien in einer mittelgroßen Stadt ein
Telegraphenrevisor, dessen ganze Autoritätsabzeichen und
Legitimation in einer blauen Uniformmütze bestand, wie sie
die Verwaltungsbeamten tragen. Dieser Mann hat notorisch
wochenlang Schwindeleien nicht nur in der Stadt, sondern
auch in der weitesten Umgebung verübt, hat Submissionen
und Telegraphenmaterial ausgeschrieben, Vorräte von Telegraphenmaterial verauktioniert, Lieferanten und Handwerker engagiert und außerdem fleißig alle Leute, die mit ihm
in Berührung kamen, angeborgt und in den Hotels und
Gastwirtschaften auf ›Pump‹ flott gelebt, bis endlich die
Katastrophe kam. Die Beteiligten und Geschädigten waren
dann über alle Maßen verblüfft, daß sie sich durch die
blaue Mütze des Schwindlers derart hatten düpieren lassen.«

> (Berliner Lokal-Anzeiger, 18. 10. 1906. Zitiert
> nach Heidelmeyer, S. 96)

Angesichts der »suggestiven Wirkung und Kraft« der Uniform hatten die Mängel in der Ausstattung des falschen
Offiziers keinen Verdacht erregt:

»Da wir ›ein Volk in Waffen‹ sind, so ist es kein Wunder,
daß sich die Kritik in erster Linie der Adjustierung des
Täters zuwendet, an der ein militärisches Auge im vornherein hätte ein Ärgernis nehmen müssen. Da ist zunächst
die *Feldbinde*, die, wie schon berichtet, unvorschriftsmäßig
umgelegt war. Als ein militärisches Vergehen muß es vor
allem auch bezeichnet werden, daß der Verbrecher die
Mütze trug, während bei allen offiziellen Dienstverrich-
tungen, zu denen eine Verhaftung doch wahrlich gehört,
der Helm vorgeschrieben ist. Die uns zugehenden Zuschrif-
ten ereifern sich einhellig darüber, daß nicht schon aus dieser soldatischen Unterlassungssünde in Köpenick Mißtrauen
gegen den ›Hauptmann‹ entstanden ist. In Betracht zu ziehen war ferner die schlodderige Gesamtheit des Dienst-
anzuges, die nicht mit der preußischen Propreté in Ein-
klang zu bringen ist. [...] Der ›Hauptmann‹ trug, als er
auf die Wache in Plötzensee kam, der Charge entsprechend,
Sporen an den Zugstiefeln. Bei Erteilung seiner Befehle trat
er sich einen Sporen herunter, worauf er dem Gefreiten den
Befehl erteilte, auch den anderen loszureißen. Bei Ausführung des Befehls sah der Gefreite, daß die Sporen nicht
vorschriftsmäßig angeschlagen, insbesondere die Backen
nicht angeschraubt wären. Nur der Dorn war in roher
Weise in den Absatz hineingetrieben. Die unklare Darstellung des Vorganges durch den Gefreiten hatte bisher zu der
Ansicht geführt, daß der Schwindler sogenannte Kasten-
sporen gehabt hätte. Wie aber jetzt feststeht, hat er in
Köpenick *überhaupt keine Sporen* getragen.«

(Berliner Lokal-Anzeiger, 18. u. 19. 10. 1906.
Zitiert nach Heidelmeyer, S. 99 f.)

Erste Nachricht von der Reaktion des Kaisers:

»Auf rigorose Weisung des Kaisers selbst geht die Suche
nach dem Schwindler mit einer Gründlichkeit voran, die
in den Kriminal-Annalen ihresgleichen sucht. Seine Majestät erfuhr die Geschichte durch ein Spezialkabel um ein
Uhr früh.
Die Drähte zwischen Berlin und Bonn glühten heute förmlich vor erschöpfenden Details und Entwicklungen, die der
Kaiser im möglichst großen Umfang ihm zu berichten befahl. Sein Sinn für Humor wurde zutiefst angerührt, wie
seine telegrafische Anmerkung zur Person des vorgeblichen

Offiziers als eines ›Genialen Kerls‹ erweist. Man vernimmt jedoch, daß Ausdrücke äußerst kräftiger und deutlicher Natur über die kaiserlichen Lippen kamen, als der Vorfall mit all seinen zwerchfellerschütternden Details von einem unbeteiligten Offizier vor ihm ausgebreitet wurde.«

(Nach: Daily Mail, London, 18. 10. 1906.
Zitiert nach Heidelmeyer, S. 88)

Daß der Kaiser gelacht haben soll, ist zumindest aus der Zeit unmittelbar nach der Tat nicht überliefert:

»Der Kaiser ist geneigt, sich hinsichtlich des falschen Hauptmanns als streng zu erweisen.
Als Wilhelm kürzlich mit dem Kanzler dinierte, kam die Rede auf die Berühmtheiten, auf die jedes Land stolz ist.
– Auch Preußen hat die seinige, warf der Kaiser ein, und zwar den Hauptmann von Köpenick, den Helden des Tages. –
Irgend jemand wagte die Meinung zu äußern, daß dieser Mensch wahrhaft Genie gezeigt habe und begnadigt zu werden verdiene.
Der Kaiser entgegnete in strengem Ton:
– Es gibt keine Gnade für Leute, die zwanzig Jahre ihres Lebens im Zuchthaus gesessen haben! –
Dies läßt für den armen Hauptmann wenig hoffen.«

(Nach: Le Matin, Paris, 3. 11. 1906. Zitiert
nach Heidelmeyer, S. 92)

Die politischen Dimensionen des Falles werden von sozialdemokratischer Seite angesprochen:

Berlin, den 18. Oktober.

Von Jena nach Köpenick

Die Welt lacht. Über die deutschen Grenzen hinaus, über den englischen Kanal und den atlantischen Ozean hinweg dringt ein schrilles Hohngelächter. Die Welt lacht auf Kosten des preußischen Junkerstaats. Die Achtung, die deutsche Wissenschaft, deutsche Industrie sich im Auslande erworben haben, erstickt in einem spöttischen Gelächter. Die gebildeten Kreise des Auslandes sehen ohnehin bei allem Respekt vor den Leistungen deutscher Wissenschaft und deutschen Gewerbefleißes auf die Verfassungsinstitution Preußens und seine Mandarinen mit spöttischem Lächeln

herab; Minister von der geistigen Universalität eines Pod-
bielski und dem philosophischen Wissen eines Studt dünken
ihnen nur existenzmöglich in Preußen; aber die Komik der
Köpenicker Rathausbesetzung hat dieses halbverstohlene
ironische Lachen zu ohrenbetäubenden Lachsalven geste-
gert. Würde für den Kulturstaat Preußen auch der Satz
gelten, daß Lächerlichkeit tötet, die ostelbische Junker-
schaft müßte wie einst in Jena unter Gelächter zusammen-
brechen. Doch die ostelbischen Mandschus haben schon so
manchen Schimpf und Spott erduldet, daß auch dieses
Hohngelächter an ihrer Dickhäutigkeit abprallt.

                                        Berlin, den 19. Oktober.

⚔ Die politische Bedeutung des Köpenicker Gaunerstreichs

...Deshalb existiert für die konservativen Blätter nur die
komische Seite des Köpenicker Vorfalles. Ihr gilt – wenigstens der breiten Öffentlichkeit gegenüber – die ganze
Sache nur als »ein fauler Witz«; und die Kronsbeinsche
»Post« hat sogar herausgefunden, daß die Sozialdemokratie
zu einer politischen Betrachtung des Handstreichs nur der
Wunsch treibt, die Disziplin des Heeres zu lockern und die
hehre preußische Autoritätsgläubigkeit zu vernichten – nach
ihrer Auffassung ein Unterfangen, das sich als Hochverrat
qualifiziert.

> (Vorwärts. Berliner Volksblatt. Zentralorgan
> der sozialdemokratischen Partei Deutschlands.
> Zitiert nach: Denkwürdigkeiten des Haupt-
> manns von Köpenick. Der ›Räuber-Haupt-
> mann‹ in der internationalen Karikatur und
> Satire. Berlin: Verlag der ›Lustigen Blätter‹
> [1906]. S. 52)

⚔ Der Steckbrief:

                        Bekanntmachung

(2500 Mk. Belohnung. Raub in Cöpenick. Unbekannter
Räuber.)
Ergebnis der bisher angestellten Ermitelungen über den im
Rathause zu Cöpenick am 16. d. Mts. nachmittags durch
einen falschen Hauptmann verübten Kassenraub. Vergl.
Bekanntmachung im Deutschen Fahndungsblatt vom 19. d.
Mts. Stück 2304 (27).
Der Täter erschien am 8. d. Mts. vormittags in Potsdam
bei dem Händler Remlinger, Mittelstraße 3, und kaufte

einen Offiziersmantel und Überrock. Ein oder zwei Tage
später kam er abermals in das genannte Potsdamer Geschäft, gab sich den Anschein eines Händlers, indem er bemerkte, daß er den Mantel mit kleinem Nutzen weiter verkauft hätte, und kaufte eine Feldbinde, sowie am 12. d. Mts.,
an welchem Tage er zum dritten Male, und zwar wieder
vormittags, erschien, ein Beinkleid. Er machte auf den Verkäufer, dem er bemerkte, daß ihm die Fahrt nach Potsdam
stets 1,10 Mk. koste, nicht den Eindruck eines besonders
gebildeten Mannes. Sein Anzug bestand aus dunklem
Jackett, ebensolcher Hose, schwarzem steifen Hut, Steh-
kragen. Am Freitag, den 12. d. Mts., kaufte er in einem
Berliner Geschäft eine Militärmütze; wo Infanterie-Degen
und schwarzes Lackunterschnallkoppel mit blauem Gurt
gekauft sind, ist noch nicht ermittelt. Am Dienstag, den
16. d. Mts. ist der Täter morgens in Cöpenick gewesen, wo
er in einer Destillation Kaffee trank, was Aufsehen erregte.
Um 9 1/2 Uhr vormittags hielt man ihn in der Ausstellung
für Gährungsgewerbe in der Seestraße (Plötzensee) an, weil
er dort unbefugt verweilte; um 9 3/4 Uhr besuchte er das
Seestraße 3 belegene Schanklokal von Reichel, wo er sich
bis 12⁴⁰ mittags aufhielt. Dort erzählt er von einem Besuch
der Funkenstation in Nauen und zwar so ausführlich, daß
man annehmen muß, er sei tatsächlich dort gewesen.
12⁵⁰ Uhr sprach er dann die Wachen in der unmittelbar an
der Seestraße belegenen Sylterstraße an, mit denen er vom
Bahnhof Puttlitzstraße über Rummelsburg zur Begehung
der Tat nach Cöpenick fuhr. Nach der Tat ist er etwa um
5 1/2 Uhr nachmittags per Bahn nach Kietz-Rummelsburg
gefahren. Um 7 Uhr hat er in Berlin in der Möckernstraße
1 Paar neue Boxcalf-Zugstiefel gekauft, deren Gummizug
auch innen schwarz und am oberen Rande mit einem roten
und blauen Streifen durchwirkt ist. Dort versuchte er mit
einem bei der Tat erbeuteten zerrissenen Fünfzigmarkschein,
der jedoch zurückgewiesen wurde, zu bezahlen. Gegen
7 1/2 Uhr abends hat er sich noch in Uniform im Kleider-
geschäft von Hoffmann, Friedrichstr. 50/51. einen schwarzen Jackett-Anzug, schwarzen haarigen Cheviot-Winter-
überzieher und einen schwarzen steifen Filzhut gekauft.
Diese Sachen tragen die Firmenbezeichnung. Hier hat er
einen geraubten Tausendmarkschein gewechselt. Mittels
Droschke ist der Täter dann nach dem Bahnhof der Mitten-

walder Kleinbahn in Rixdorf, Hermannstraße gefahren, hat
sich dort umgezogen und den Degen mit Koppel zurück-
gelassen. Die übrigen Uniformstücke sind mit Ausnahme
des schwarzen Überrockes und des mit silbernen Knöpfen
versehenen Mantels auf dem Tempelhofer Felde gefunden
worden. Weiter hat sich bisher die Spur des Täters nicht
verfolgen lassen.

Nach den neuesten Ermittelungen ist die genaue Beschreibung des Täters die folgende: 50–60 Jahre alt, 1,75 m groß,
schlank, nach vorn gebeugte Kopfhaltung, silbergraues etwa
1 cm langes dichtes Kopfhaar, grauer unter der Nase röt-
lich-blonder Schnurrbart, krankhaft gelbe Gesichtsfarbe,
eingefallene Backen, vorstehende Backenknochen, ziemlich
breites Gesicht, tiefliegende Augen, um dieselben bogenför-
mige Falten, große Ohren. Die Nase ist bis zur Spitze
schmal, hat aber breite scharf markierte Flügel und ist
etwas schief, zeigt auch in der Umgebung Finnenlöcher.
Der Täter, der schmale weiße Hände hat, ist auffallend
häßlich. Die Kopfweite beträgt 56 ½ cm, die Taillenweite
etwa 80 cm.

Es fällt auf, daß bisher keinerlei Mitteilung eingegangen
ist, wo der Gesuchte vom 8. d. Mts. ab sich aufgehalten
oder gewohnt hat und wo er sich den kurzen stoppeligen
Vollbart, den er noch bei Ankauf der Uniform gehabt hat,
hat abnehmen lassen. Es wird um eingehendste Ermittlun-
gen, insbesondere nach der zuletzt angeregten Richtung, in
Gasthöfen, Logis usw., um Auskunft, ob bestrafte oder
geisteskranke Personen, auf welche die Beschreibung zu-
trifft, bekannt sind, sowie um schleunige Mitteilung aller
auch noch so geringfügiger Anhaltspunkte zu 7046 IV.
26. 06 dringend gebeten.

Berlin, 22. Oktbr. 06.

                                        Der Polizei-Präsident.

(Deutsches Fahndungs-Blatt, Jg. 8, St. 2306,
No. 33. Zitiert nach Heidelmeyer, S. 101–103)

Wilhelm V o i g t : Brief an die Schwester:

Während Voigts Autobiographie zum Teil doch im Hinblick auf Wirksamkeit beim Publikum geschrieben ist, vermittelt der Brief an seine Schwester Bertha Menz in Rixdorf (von seinem Verteidiger veröffentlicht) ein unverstell-
tes Bild seines Charakters.

»Herzliebe Schwester!

es wird mir sehr schwer heute nach all diesen Aufregungen an Dich zu schreiben, unmöglich jedoch ist es mir, die Gefühle die ich für dein Handeln an mir in dieser Geschichte empfinde in Worte zu faßen ich muß es auf die Zeit verschieben wo es mir möglich sein wird mein Haupt in deinen Schooß zu legen vor Dir zu knien und zu danken. Liebes Herz überschätzest Du auch nicht deine Kraft und deine Mittel Was wird mein Schwager dazu sagen daß Du so eigenmächtig über Euer Hab und Gut verfügest. Und Louise wie trägt sie unser Geschick tröste sie, ich hoffe bis jetzt daß es doch noch zu gutem Ende kommen wird. Hat sie die 30. Mark erhalten?

Über die That selber will ich jetzt nicht mit Dir sprechen Du weißt am Besten wie ich mich Tag und Nacht gequält habe um allen gerecht zu werden. So gern ich auch mit Dir plaudern möchte bitte ich Dich doch besuche mich vor meiner Verurtheilung nicht. Schreiben werde ich Dir ja öfter. Ich empfange viele Zeichen herzlicher Theilnahme aus allen Theilen des ganzen Reiches selbst des Auslandes und darf annehmen daß meine Mitmenschen mich mehr bemitleiden als verurtheilen. Meine Gesundheit beßert sich auch und dafür daß ich durch beßere Nahrung mich kräftigen kann haben hilfsbereite Herzen und Hände in ausgedehntem Maaße gesorgt. ich werde durch die Fülle der zugewendeten Gaben geradezu beschämt und erdrückt. Meine Vertheidigung ruht in guten Händen und kannst Du in dieser Beziehung ruhig sein. Die Milderung die Kopf und Herz mir schaffen können werde ich gewiß erlangen. Und Du liebes Herz wie begegnet man Dir hast Du auch von Seiten deiner Umgebung zu leiden daß mein Schwager Dir das Leben schwer machen wird weiß ich ja.

Was meine Sachen die bei Frau Marie stehen anbelangt wäre es wohl das Beste wenn Du sie zu Dir nähmest. Schulden werden nicht dasein und für das Andere was sie etwa eingebüßt werde ich sie seinerzeit entschädigen. An Kleidungsstücken befinden sich dort. Der Mantel. 2 paar Hosen die Dir bekannt 1 paar Stiefel. 2 paar Schuhe 2 paar Pantoffel. 1 Weste der graue Hut und ein flacher steifer schwarzer Hut neu. Die Wäsche: 4. Hemden. 1 Blouse. 3 Vorhemden. Kragen? Taschentücher? Slipse 2. Kämme 3.

1 Bürsten 1. Hosenträger. Strümpfe 2 paar – – im Übrigen grüße sie herzlich von mir. Aufklärungen gebe ich Ihr ein andermal. Nachdem ich so also mein Hauswesen geordnet kann ich Dir noch zu Deiner Beruhigung sagen daß ich gefaßten Sinnes der Hauptverhandlung entgegensehe, werde ich auch einen schweren Stand haben, so wird mich doch das Bewußtsein daß ich wegen dieser Tat die Augen vor meine Richter und Mitmenschen nicht niederzuschlagen brauche, denn ich habe gethan was ich konnte um dem Verderben zu wehren und mehr kann auch der Beste und Reinste nicht von sich sagen, Kraft und Mut geben meine Tat zu vertreten das Übrige steht in der Hand Gottes und dem Herzen meiner Mitbürger.

Und so will ich liebe Schwester heute zum Schluße eilen und Dich bitten so wie Du heute in schweren Stunden zu mir stehest so stehe auch zu Louisen alles was ich ihr versprochen will ich auch halten und wenn ich nach dem Tage von Cöpnik mein Heil nicht in der Flucht gesucht wie ich es ja gekonnt, ich es nur in Rücksicht auf Euch nicht gethan habe ich hoffte noch immer einen Ausweg aus meiner Bedrängniß zu finden konnte Euch aber meine Verlegenheit nicht offenbaren und mochte nicht einmal wortbrüchig scheinen geschweige denn es wirklich werden.

Allen Übrigen unsrer Freunde und Bekannten die sich immer in herzlicher Weise erinnern übermittle meine freundlichen Grüße und beruhige sie über mein Ergehen Du selbst aber sei hundertmal gegrüßt und tausendmal geküßt von

　　　　　　　　　　　　Deinem Bruder
　　　　　　　　　　　　Wilhelm.«

(Walter Bahn: Meine Klienten. Beiträge zur modernen Inquisition. Berlin u. Leipzig: Seemann o. J. Großstadt-Dokumente. Bd. 42. S. 89–92.)

Während des Prozesses bestätigt der Vorsitzende, daß die Justiz Wilhelm Voigt gegenüber sich nicht immer korrekt verhalten habe:

»Vors.: Weshalb kämpften Sie denn so energisch gegen die später erkannte Strafe? Voigt: Ich habe mich über die spätere Behandlung furchtbar geärgert. Im Gefängnis wurde mir mitgeteilt, es fehlten an der Kasse 400 Mk. Von der Behörde wurde angenommen, wir hätten noch einen

dritten Genossen gehabt, der mit diesem Gelde geflüchtet
sei. Ich fand es als eine große Ungerechtigkeit, daß irgend-
welche Unregelmäßigkeiten uns aufgebürdet wurden, die
vielleicht von den Kassenbeamten selbst begangen worden
waren. *Auch meine goldene Uhr, die ich dem Oberaufseher
bei meiner Einlieferung übergeben hatte, habe ich nicht in
meinem Sachenverzeichnis aufgeführt gefunden.* Auf meine
Beschwerde wurde eine Haussuchung vorgenommen, bei
der man die Uhr in einem nur von Beamten benutzten Klo-
set wiederfand. Noch schlimmer war meine Behandlung in
der Gerichtsverhandlung. *In einer halben Stunde war ich
zu 15 Jahren Zuchthaus verurteilt.* Dieses Urteil war ein
Attentat auf die Strafprozeßordnung. Trotzdem mehrere
Zeugen geladen waren, wurde keiner von ihnen vernommen. Gleich nach der Verurteilung meldete ich mich bei
dem Gerichtsschreiber. Dieser kam erst nach neun Tagen,
anstatt innerhalb der einen Woche, in der das Urteil
Rechtskraft erlangte. Ich mußte deshalb die Strafe antreten.
V o r s.: *Es ist richtig, von den sechs damals geladenen
Zeugen ist keiner vernommen worden.* In dem Protokoll ist
auch nicht vermerkt, daß der Staatsanwalt oder Sie selbst
auf weitere Beweisaufnahme verzichtet haben. *Das Urteil
ist tatsächlich anfechtbar gewesen.*«

> (Prozeßbericht der »Königlich privilegirten
> Zeitung von Staats- und Gelehrten Sachen /
> Vossische Zeitung«, Berlin. Zitiert nach Hei-
> delmeyer, S. 120)

Aussage des Gefreiten Klapdohr:

»V o r s.: Haben Sie an der Sprache, Haltung oder Kleidung irgend etwas bemerkt, wodurch Sie Verdacht schöp-
fen mußten? Z e u g e : Nein. Nur auf der Fahrt nach
Köpenick habe ich öfter zum Fenster hinausgesehen, da ein
Kamerad zu mir sagte: ›Du paß mal auf, daß er nicht aus-
steigt.‹ (Heiterkeit.) V o r s.: *Hat der Angeklagte irgend
einen unrichtigen Befehl erteilt?* Z e u g e : *Nein, wir haben
alle bestimmt geglaubt, einen Hauptmann vor uns zu
sehen.*«

> (Prozeßbericht. Zitiert nach Heidelmeyer,
> S. 128)

Aussage des Stadtobersekretärs Rosenkranz:

»V o r s.: Was glaubten Sie denn eigentlich, um was es sich bei der ganzen Sache handele? Z e u g e : Bis ich von der Mitnahme der Stadtkasse erfuhr, *nahm ich an, es handele sich um die fixe Idee eines Geisteskranken oder um eine kleine militärische Übung!* (Gr. Heiterkeit.) V o r s.: Sie sind doch selbst Soldat gewesen, *haben Sie nichts Auffälliges am Hauptmann bemerkt?* Z e u g e : *Nein, weder in der Haltung noch an der Uniform.* V o r s. (nachdem er den Angeklagten aus der Anklagebank heraustreten ließ, diesen genau betrachtend): Na, von den krummen Beinen, von denen die Zeitungen schreiben, kann ich allerdings auch nichts sehen. Z e u g e : *Die Kommandos des Angeklagten waren ganz militärisch. Wenn jemand seinem Befehl nicht nachkam, so herrschte er ihn in ganz strammem militärischen Tone an.* Als mehrere Bureaubeamte aus ihren Zimmern herauskamen, wies sie der Angeklagte zurück. Als sie nach einiger Zeit wieder auf den Fluren erschienen, schnauzte sie der Herr Hauptmann an: ›Scheren Sie sich schleunigst in Ihre Bureaus zurück, sonst lasse ich Gewalt anwenden.‹«

(Prozeßbericht. Zitiert nach Heidelmeyer, S. 129)

Aussage des Bürgermeisters Dr. Langerhans:

»Z e u g e Dr. Langerhans: [...] Mir war es keinen Augenblick zweifelhaft, daß er die Macht, die er in den Soldaten besaß, durchaus ausnutzen und die Soldaten alle seine Befehle ausführen würden. Die Soldaten haben dies bei ihrer späteren Vernehmung auch ohne weiteres zugegeben. Zu bemerken ist noch, daß 14 Tage vor dem ganzen Vorgange in der Stadtverordnetenversammlung zur Sprache gekommen war, daß ein neuer Tresor angeschafft werden müsse, da dort 2 Millionen Wertpapiere lagerten. Dies sei durch die Zeitungen bekanntgeworden. Rechtsanw. Dr. S c h w i n d t : Wenn Sie den Angeklagten für einen Geisteskranken hielten, warum haben Sie ihn nicht durch die plötzliche Bemerkung in die Wirklichkeit zurückgerufen: Wenn Sie mich verhaften wollen, dann ziehen Sie sich gefälligst erst vorschriftsmäßig an und setzen Sie einen Helm auf! Z e u g e Dr. L.: Wenn ich sechs Wochen Zeit gehabt hätte zum Überlegen, dann hätte ich es vielleicht getan. (Heiterkeit.) V o r s.: Man muß sich doch gegenwärtig halten, daß ein Mann über seinem Pult sitzt und plötzlich ein Offizier mit zwei ›richtig gehenden‹ Soldaten hereintritt! Z e u g e Dr. L. (zum Verteidiger): Ich würde eine sehr lächerliche Rolle gespielt haben, wenn ich die beiden Soldaten um Aufklärung ersucht hätte. Der eine hätte mich wohl gar nicht verstanden, der andere würde wohl auch für staatsrechtliche Einwendungen nicht zugänglich gewesen sein. Würde ich dem Angeklagten schroff entgegengetreten sein, so würde er gewiß nicht die konziliante, sondern die schroffe Seite herausgekehrt haben.«

(Prozeßbericht. Zitiert nach Heidelmeyer, S. 131)

Der Hofschuhmacher Hilbrecht aus Wismar, bei dem Voigt vor der Tat von Köpenick arbeitete, stellt ihm ein glänzendes Leumundszeugnis aus:

»Als Leumundszeuge wird hierauf der Hofschuhmachermeister H i l b r e c h t vernommen. Dieser bekundet: Der Angeklagte Voigt hat bei mir in Wismar als Schuhmachergeselle gearbeitet. *Er hat sich ganz ausgezeichnet geführt und war ein guter brauchbarer Arbeiter und ein nüchterner und fleißiger Mensch.* Ich nur allein wußte aus dem Vorleben des Voigt und habe zu niemand darüber gesprochen, auch habe ich ihm streng untersagt, zu anderen darüber zu sprechen, denn ich wollte ihn wieder zu einem anständigen und nützlichen Menschen machen. Voigt hatte eine Arbeitsstube für sich und sollte wie zur Familie gehören. Am Abend saß er mit mir am Tisch und hat aus der Zeitung vorgelesen, was er sehr schön konnte. Wenn er einmal des abends fehlte, hieß es gleich: Wo ist denn Voigt heute? Für mich selbst schrieb er sämtliche Briefe. Gleich am ersten Abend arbeitete er bis $1/2$ 11 Uhr nachts, um eine Durchnähmaschine in Ordnung zu bringen. *Nicht nur der Fleiß des Voigt, sondern auch die Ehrlichkeit ließ nichts zu wünschen übrig.* Er hat wiederholt Gelegenheit gehabt, Geld zu nehmen, ich vertraute ihm sogar meinen Kassenschlüssel an. Voigt sagte auch einmal: Meister seien Sie nicht bange, ich nehme Ihnen nicht einen roten Pfennig weg. V o r s i t z e n d e r (einfallend): Na ja, Voigt sagt ja auch, er habe sich nie an privatem Eigentum vergriffen,

sondern es stets auf *amtliche* Gelder abgesehen. Dies stimmt
auch mit seinem sonstigen Vorleben überein. Der Zeuge
H i l b r e c h t erzählt ferner, daß er den Angeklagten, der
jeden Sonntag zur Kirche ging, in verschiedene Familien
eingeführt habe, die ihn mit großer Achtung behandelten.
Rechtsanwalt Dr. S c h w i n d t befragt den Zeugen, wie
sich der Angeklagte benommen habe, als ihm die Mitteilung
von seiner Ausweisung aus Wismar gemacht wurde. Z e u -
g e : Voigt hat bitterlich geweint und gezeigt, daß ihm dies
sehr nahe ging, weil er so gern bei mir bleiben wollte. *Der
Zeuge bestätigt auch, daß sich Voigt in Wismar redlich
bemüht habe, Papiere zu bekommen. Dies sei ihm jedoch
aus irgend einem Grunde nicht möglich gewesen.*«

(Prozeßbericht. Zitiert nach Heidelmeyer,
S. 134 f.)

Aus dem Plädoyer des Ersten Staatsanwalts Wagner:

»Es ist Pflicht, diesen alten Gewohnheitsverbrecher so
lange als möglich unschädlich zu machen und gerade sein
Fall liefert den Beweis dafür, daß die Polizeiaufsicht, so
hart sie für den einzelnen sein mag, im Interesse der All-
gemeinheit notwendig ist. Wie entlassene Gefangene zu behandeln sind, ist ja seit langer Zeit Gegenstand der Erwägung der berufenen Organe. Der Angeklagte ist ja nicht
als gebrochener Mann aus dem Zuchthaus gekommen, sondern er hat rasch Gelegenheit zum Arbeiten und Verdienen
gefunden, ist dann aber wieder ganz plötzlich dem verbrecherischen Triebe gefolgt und hat alles an seinen aben-
teuerlichen Plan gesetzt. *Einem solchen Manne gegenüber
gilt es nur zu sühnen und zu sichern.* Zu sühnen ist sehr
viel. Es handelt sich um einen kühnen Eingriff in die militärische Kommandogewalt und einen dreisten Angriff auf
die Köpenicker Gemeindeverwaltung, um eine arge Störung
der staatlichen Ordnung. *Ich beantrage gegen den Angeklagten 5 Jahre Zuchthaus, Verlust der bürgerlichen Ehrenrechte
und Einziehung der Uniform.*«

(Prozeßbericht. Zitiert nach Heidelmeyer,
S. 136 f.)

Aus dem Plädoyer des Verteidigers Rechtsanwalt Bahn:

»Nach meiner Ansicht ist die Sache nicht vorwiegend aus
juristischen Gesichtspunkten sondern aus dem Herzen her-

aus zu beurteilen. Mir ist unter Angeklagten kaum jemals
eine Figur untergelaufen, die von solcher Tragik heimge-
sucht wurde und so sehr das Mitleid verdiente wie der Angeklagte Voigt. Der Staatsanwalt nennt ihn einen alten
Verbrecher, man muß aber in diesem Falle tiefer hineinstei-
gen in das Seelenleben des Angeklagten, sowie in die Tiefen
der Strafvollstreckung und der Ausweisungspolitik. *Voigt
ist ein Opfer der Verhältnisse* geworden, ein Opfer höherer
Gewalt, die ihn wieder auf die Bahn des Verbrechens gedrängt habe. In seiner Jugend habe er es schlecht gehabt im
Vaterhause, er kam ohne genügende Reife in die Großstadt, er machte als siebzehnjähriger Mensch die von ihm
geschilderten Fälschungen der Postanweisungen und erhielt
dafür die furchtbare Strafe von zehn Jahren Zuchthaus,
die heute wohl in ganz Preußen kein Gerichtshof einem so
jungen Menschen auferlegen würde. Noch furchtbarer und
der Straftat kaum angemessen war die 15jährige Zuchthaus-
strafe, die ihm zuerkannt wurde, nachdem er sich 10 Jahre
lang straflos geführt hatte. Der gute Kern, der in ihm
steckt, wurde dadurch vergiftet, umso mehr als er sah, daß
ihm die Möglichkeit entzogen wurde, jemals wieder einen
anständigen Lebensweg zu beschreiten. Seine Denkungsart
spiegelt sich in einem von ihm selbst geschriebenen Lebens-
lauf wider, der geradezu erschütternd ist und u. a. das
schöne Zitat enthält: ›Wer will in die Fremde wandern,
der muß mit der Liebsten gehen, es jubeln und lachen die
andern und lassen den Fremdling stehn!‹ Die 15 Jahre
Zuchthaus erschienen ihm um so drakonischer, als ja keinerlei Schaden entstanden war. Der Angeklagte ist zweifellos
der Polizei zum Opfer gefallen, sein Zug nach Köpenick
ist auf die Ausweisung zurückzuführen. Der Redner kritisiert hierauf die Ausweisungsmethode im Anschluß an Ausführungen des Prof. v. Hippel und der ›Deutschen Juri-
stenztg.‹ und sucht nachzuweisen, daß die Ausweisung aus
Mecklenburg keine gesetzliche Unterlage hatte. Die Frage
der Ausweisung aus Preußen gehöre zu den bestrittensten,
wie ein Plenar-Beschluß des Abgeordnetenhauses vom
Jahre 1862 und die Ansicht des Rechtslehrers v. Rönne beweise. Dieser bestreite der Polizei das Recht zur Ausweisung, weil Art. 5 der Verfassung entgegenstehe. Auch ein
Ministerialerlaß vom 14. Dezember 1860 verweise die Polizei auf die Pflicht, darauf Rücksicht zu nehmen, daß ent-

lassenen Strafgefangenen die Rückkehr zum redlichen Erwerb erleichtert werde. Hätte man den Angeklagten bei
dem Meister Hilbrecht in Wismar gelassen, so wäre es nicht
zu der Tat von Köpenick gekommen und er säße wohl
noch heute ruhig auf seinem Schusterschemel und strebte
einem friedlichen Lebensabend entgegen. In juristischer Beziehung steht der Verteidiger auf dem Standpunkt, daß
räuberische Erpressung vorliege und die Sache vor das
Schwurgericht gehöre. Wenn das Gericht anderer Ansicht
sei, so sollte es eine milde Strafe aussprechen. Das staatliche
Ansehen sei durch den Schuster Voigt wirklich nicht ge-
schädigt worden. Er habe auch nicht den Militarismus her-
abgesetzt, sondern im Gegenteil gezeigt, wie unerschütter-
lich der militärische Gehorsam ist. Er sei ein genialer
Schauspieler, über dessen konsequente und logische Durchführung seiner Rolle das Publikum gelacht habe.«

(Prozeßbericht. Zitiert nach Heidelmeyer,
S. 138 f.)

Das Urteil:

»Der Angeklagte ist des unbefugten Tragens einer Uniform,
des Vergehens wider die öffentliche Ordnung, der Freiheitsberaubung, des Betruges und der schweren Urkundenfälschung, alles verübt im rechtlichen Zusammenhange, schuldig und wird derselbe zu einer Gefängnisstrafe von 4
– vier – Jahren verurteilt.
Er trägt die Kosten des Verfahrens.
Die von dem Angeklagten bei der Straftat getragenen militärischen Ausrüstungsgegenstände werden eingezogen.«

(Strafakte Wilhelm Voigt, Bd. 3. Zitiert nach
Heidelmeyer, S. 140)

Aus der Urteilsbegründung:

»Der Angeklagte ist auf Grund dieses Sachverhalts des unbefugten Tragens einer Uniform, der Amtsanmaßung, der
Freiheitsberaubung, des Betruges und der schweren Urkundenfälschung – alles begangen durch eine und dieselbe
Handlung – beschuldigt. Er gibt die drei ersteren Delikte
zu. Dagegen bestreitet er, auf die Erlangung von Geld ausgegangen zu sein. Er will es nur auf ein Auslandspaß-
Formular abgesehen haben. Er habe sich nämlich, teils vor
teils nach seiner Entlassung aus dem Zuchthause, vergeblich

um einen Auslandspaß bemüht. Eines solchen habe er aber
nach seiner wiederholten Ausweisung dringend bedurft und
er habe erwartet, ein Formular dazu – welches er dann
selbst habe ausfüllen wollen – nebst den nötigen Stempeln
in dem Rathause einer Stadt vorzufinden. Nur zu diesem
Zwecke habe er sich des Köpenicker Rathauses bemächtigt
und die leitenden Personen der Stadtverwaltung einge-
sperrt. Auch die Revision der Kasse habe er nur, um seine
Rolle durchzuführen, und in der Annahme, daß er in dem
Rendanten den Kämmerer und stellvertretenden Bürgermeister vor sich habe und auch ihn zeitweilig am Eingreifen
verhindern müsse, vorgenommen. Das Geld habe er zunächst gar nicht in der Absicht der Aneignung an sich genommen, sondern es sei ihm durch den Gang der Ereignisse
gewissermaßen aufgedrängt worden. Er habe es aber zunächst nur vorübergehend verwahren wollen und sich zur
Mitnahme und Aneignung erst zuletzt entschlossen, als ihm
– gelegentlich der Vorzeigung eines Passes seitens eines im
Rathause zurückgehaltenen und um freies Durchpassieren
bittenden Elektrotechnikers eingefallen sei, daß solche
Pässe nicht bei den Polizeiverwaltungen kleiner Städte, wie
Köpenick, sondern auf den Landratsämtern ausgestellt werden, und daß er also gar nicht darauf rechnen könne, Paßformulare im Rathaus vorzufinden. Nunmehr habe er
allerdings, um wenigstens einen anderen Erfolg davonzu-
tragen, sich entschlossen, das von ihm bis dahin nur in
Verwahrung genommene Geld für sich zu behalten. – Er
gibt also statt der Beschuldigung des Betruges nur eine
Unterschlagung zu.
Ferner bestreitet er die Urkundenfälschung, und zwar selbst
eine einfache, weil er gar keine Namensunterschrift unter
die Quittung gesetzt habe, sondern die Schrift lediglich in
abgekürzten Lettern bedeuten solle: ›von mir als angenommenen Hauptmann im 1. Garde-Regiment‹.
Das Gericht hat sich jedoch bei der rechtlichen Beurteilung
der Vorgänge überall der Auffassung des Eröffnungsbe-
schlusses angeschlossen. Das Vorliegen der Übertretung
– unbefugtes Tragen einer Uniform – bedarf keiner Erörterung.
Ferner hat sich der Angeklagte, auch wenn die Stellung
eines Offiziers sich nicht als ein öffentliches ›Amt‹ darstel-
len und also die Anmaßung eines solchen nicht anzuneh-

men sein sollte, des Vergehens gegen § 132 StGB. doch
mindestens nach der Richtung hin schuldig gemacht, daß er
Verhaftungen, also Handlungen, welche nur auf Grund
eines öffentlichen Amtes vorgenommen werden können, sowie eine Kassenrevision, welche ebenfalls nur auf Grund
eines solchen Amtes, nämlich von den Vorgesetzten des
Stadtrendanten bewirkt werden durfte, ausgeführt hat.
Des weiteren hat sich der Angeklagte an dem Bürgermeister
Langerhans, dem Oberstadtsekretär Rosenkranz und dem
Rendanten v. Wiltburg der *Freiheitsberaubung* schuldig gemacht, indem er ohne Berechtigung die beiden ersteren in
ihren Zimmern unter militärischer Bewachung gefangen
hielt, sodann den Bürgermeister und den Rendanten durch
Soldaten im Wagen nach der Neuen Wache in Berlin
transportieren ließ, also einige Zeit hindurch die persönliche Freiheit dieser drei Männer völlig aufhob.
Was den *Betrug* anlangt, so ist zunächst die Angabe des
Angeklagten, er habe es ursprünglich nur auf die Erlangung eines Paßformulars abgesehen, gänzlich unglaubwür-
dig. Allerdings hatte der Angeklagte ein Interesse daran,
sich einen Paß für das Ausland zu verschaffen, er hat sich
um Erteilung eines solchen bemüht, und dies ist ihm dadurch, daß er von [einer] Behörde an die andere verwiesen
wurde, erheblich erschwert worden. Allein es erscheint ausgeschlossen, daß der Angeklagte eines derartigen immerhin
geringfügigen Erfolges wegen jene überaus umständlichen
und auch ziemlich kostspieligen Vorkehrungen getroffen
und den umfangreichen Apparat der Überwältigung einer
ganzen Stadtverwaltung ins Werk gesetzt haben sollte, der
– auch in Ansehung der damit verbundenen Gefahren –
außer allem Verhältnisse zu jenem Zwecke stand. Auch hat
der Angeklagte während der gesamten Zeit, als er das Rathaus besetzt hielt, keine Schritte getan, um nach Paßformu-
laren Nachschau und Nachsuche zu halten. – Dagegen ergibt sein ganzes planmäßiges Verhalten den Kassenbeamten
gegenüber und namentlich die von ihm veranlaßte Einfül-
lung des Geldes in Beutel, daß er es von vornherein auf die
Barbestände der Stadtkasse abgesehen hatte und nicht etwa
erst nachträglich den Entschluß gefaßt hat, sich diese anzu-
eignen.
Schließlich spricht auch die Vergangenheit des Angeklagten,
insbesondere der seiner letzten Vorstrafe zu Grunde lie-

gende Einbruch in die Gerichtskasse zu Wongrowitz durchaus für seine von vornherein auf das Geld gerichtete Absicht.

Was nun die rechtliche Beurteilung der Erlangung des Geldes betrifft, so liegt nicht Raub oder Diebstahl vor, da es an einer *ohne* den Willen des bisherigen Gewahrsam-Inhabers erfolgten Besitzergreifung also an einer *Wegnahme* fehlt. Das Geld ist vielmehr nach der obigen Sachdarstellung mit dem Willen und unter tätiger Mitwirkung des Rendanten v. Wiltburg, der bis dahin den Gewahrsam ausgeübt hatte, in den Gewahrsam des Angeklagten übergegangen, es ist ihm über*geben*. Wäre nun der Wille des v. Wiltburg zur Übergabe durch Zwang (Gewalt oder Drohung) hervorgebracht worden, so würde Erpressung vorliegen. Das ist aber nicht der Fall gewesen. Zwar würde der Angeklagte *nötigenfalls* zur Gewaltanwendung geschritten sein; dies erwies sich aber nicht als erforderlich, da v. Wiltburg – was auch bei dem sicheren und sachgemäßen Auftreten des Angeklagten und der Mitführung der Mannschaften erklärlich ist – ihn für einen echten Offizier hielt und ihn auf Grund seiner Erklärung, er handle auf Allerhöchsten Befehl, für berechtigt erachtete, die Übergabe der Kasse behufs Beschlagnahme zu verlangen. Der Angeklagte hat also schon allein durch *Täuschung* – Vorspiegelung der falschen Tatsachen seiner Eigenschaft als Offizier und des ihm gewordenen Allerhöchsten Befehls – sein Ziel, die Auslieferung des Kassenbestandes, erreicht. Diese Täuschung hatte die Beschädigung des Vermögens der Stadtgemeinde Köpenick zur Folge, da der Angeklagte das Geld sich aneignete und mitnahm. – Daß er bei der Täuschung und Schädigung in Erstrebung eines rechtswidrigen Vermögensvorteiles handelte, bedarf keiner Erörterung.

Der Angeklagte hat sich auch einer schweren *Urkundenfälschung* schuldig gemacht. Die von ihm herrührende Namensunterschrift unter der von dem Rendanten entworfenen Quittung ist zwar auf den ersten Blick schwer leserlich, wird jedoch deutlich als Namenszug ›v. Malzahn‹ kenntlich, wenn damit die Tatsache in Verbindung gebracht wird, daß sich der Angeklagte noch an demselben Abend beim Einkauf der Civilkleidung diesen Namen beigelegt hat. Der Angeklagte hat also unter dem ihm nicht zukommenden Namen v. Malzahn eine Quittung über den

Empfang von Geld ausgestellt und somit eine falsche Urkunde angefertigt. Da die Ausstellung derartiger Quittun-
gen nicht zu den dienstlichen Verrichtungen eines Offiziers
gehört, sie also – im Falle ihrer Echtheit – nicht von einer
öffentlichen Behörde innerhalb der Grenzen ihrer Amts-
befugnisse oder von einer mit öffentlichem Glauben versehenen Person innerhalb des ihr zugewiesenen Geschäfts-
kreises aufgenommen sein würde, so stellt sie sich nicht als
öffentliche, sondern als *Privaturkunde* dar. Diese Privaturkunde ist *zum Beweise von Rechten erheblich*, da sie –
wiederum ihre Echtheit vorausgesetzt – den Beweis für
den Empfang der darin bezeichneten Geldsumme durch den
darin genannten Empfänger erbringen würde. Der Angeklagte hat von dieser falschen Urkunde *zum Zwecke der
Täuschung Gebrauch gemacht*, da er sie dem Rendanten
v. Wiltburg zur Täuschung über seine Identität einge-
händigt hat. Er hat die Fälschung begangen und angewendet,
um sich den soeben durch den Betrug erlangten, aber in
seinem Fortbestande gefährdeten Gewinn, den er durch
Besitznahme des Geldes erlangt hatte, zu erhalten. Denn er
mußte alles vermeiden, was die Beamten hätte stutzig
machen, ihnen einen Zweifel an der Echtheit der von ihm
gespielten Rolle erregen und seine vorzeitige Entlarvung
hätte herbeiführen können. Dazu gehörte auch, daß er sich
dem an sich ganz berechtigten Ansuchen des Rendanten, ihm
der Ordnung halber einen Ausweis über die zur vermeintlichen
Beschlagnahme übergebenen Summe zu erteilen, nicht ent-
zog. Die Urkundenfälschung ist also von dem Angeklagten
mit dem erschwerenden Moment der Absicht begangen, sich
einen Vermögensvorteil zu verschaffen (Vgl. Entsch. des
R.G. 2,53). – Daß der Angeklagte bei der Anfertigung und
dem Gebrauche der falschen Urkunde in *rechtswidriger
Absicht* handelte, folgt schon ohne weiteres daraus, daß
der Vermögensvorteil, den er sich hierdurch zu erhalten
bestrebt war, ein rechtswidriger war.

Sämtliche fünf Vergehungen des Angeklagten beruhen nach
der ganzen Sachlage auf einem einheitlichen verbrecherischen Entschlusse. Er hat vor dem Beginn seines Unterneh-
mens seinen Plan bis in jede Einzelheit ausgearbeitet. Der
Gebrauch der Uniform, die Vornahme amtlicher Handlungen, die Freiheitsberaubung dienten zur Durchführung der
betrüglichen Erlangung des Geldes. Auch hat er von vorn-

herein mit der Möglichkeit der Erteilung schriftlicher Ausweise gerechnet und sich hierfür den Namen v. Malzahn zurechtgelegt. Denn dieser Name hat sich so fest in seinen Gedanken eingeprägt, daß er ihn sogar noch nach gelungener Tat bei dem Einkauf der Civilkleidung gebraucht hat, ein Zeichen dafür, daß die – sei es schriftliche sei es mündliche – Benutzung dieses Namens zu dem von vornherein festgelegten und auch auf eventuelle Urkundenfälschungen sich erstreckenden Programm des Angeklagten gehörte. – Hiernach handelt es sich bei dem gesamten festgestellten Tun des Angeklagten einschl. der Urkundenfälschung um eine und dieselbe strafbare Handlung.

Das Gericht hat daher für tatsächlich festgestellt erachtet:

daß der Angeklagte zu Plötzensee und Cöpenick am 16. Oktober 1906 durch ein und dieselbe Handlung

1. unbefugt eine Uniform getragen,
2. unbefugt Handlungen vorgenommen hat, welche nur kraft eines öffentlichen Amtes vorgenommen werden dürfen,
3. vorsätzlich und widerrechtlich den Bürgermeister Langerhans, den Stadtkassenrendanten v. Wiltburg und den Obersekretär Rosenkranz des Gebrauchs der persönlichen Freiheit beraubt hat,
4. in der Absicht, sich einen rechtswidrigen Vermögensvorteil zu verschaffen, das Vermögen der Stadtgemeinde Köpenick dadurch um 3557,45 M beschädigt hat, daß er durch Vorspiegelung falscher Tatsachen einen Irrtum erregte,
5. in rechtswidriger Absicht eine Privaturkunde, welche zum Beweise von Rechten und Rechtsverhältnissen von Erheblichkeit ist fälschlich angefertigt und von derselben zum Zwecke einer Täuschung Gebrauch gemacht hat,
und zwar in der Absicht, sich einen Vermögensvorteil zu verschaffen.

Der Angeklagte hat sich daher gegen §§ 360,8, 132, 239, 263, 267, 268[1] Str.G.B. vergangen. Gemäß § 73 das. war die Strafe dem § 268[1] als dem strengsten Strafgesetze zu entnehmen. *Es fragte* sich, ob das Vorhandensein mildernder Umstände anzunehmen sei. Dagegen spricht außer den schweren Vorstrafen des Angeklagten, daß die Tat eine überaus raffinierte und einer ganz ungewöhnlichen verbrecherischen Energie entsprungen ist. Sie stellt sich als ein äußerst dreister Eingriff in die militärische Kommando-

gewalt des Staates und als ein verwegener und gefährlicher
Angriff auf die Verwaltung einer Stadt dar. – Aber andererseits verdiente eine weitgehende Berücksichtigung der
Umstand, daß der Angeklagte nach Verbüßung seiner letzten Strafe ernst und – soweit an ihm lag – erfolgreich bemüht gewesen ist, sich seinen Lebensunterhalt ehrlich zu erwerben, und auf dem besten Wege war, ein nützliches Mitglied der bürgerlichen Gesellschaft zu werden, daß aber dieses Bemühen ohne seine Schuld vereitelt und er wieder auf
den Weg des Verbrechens gedrängt ist. – Ferner wurde erwogen, daß, wenn auch die Strafe aus dem für das Verbrechen der schweren Urkundenfälschung bestimmten Gesetze zu verhängen ist, gerade diese Tat im vorliegenden
Falle doch nur eine untergeordnete Bedeutung hatte. Diejenige Tat, welche dem inneren Wesen der Sache nach die
Hauptsache ist, nämlich der Betrug, war bereits vollendet,
die bare Kasse im Besitz des Angeklagten. Tatsächlich
würde der Rendant, wie er bekundet, sich auch bei einer
Ablehnung der Quittungserteilung seitens des Angeklagten
beruhigt haben. Diese Quittungserteilung spielt also, wenn
auch der Angeklagte sie für erforderlich gehalten hat zur
Erhaltung des rechtswidrig erlangten Gewinns, in Wirklichkeit die sekundäre Rolle einer nebenher laufenden Episode. Es entsprach deshalb einer gewissen Billigkeit, auch
aus dieser Erwägung heraus in Benutzung der durch § 268
Abs. 2 StGB. gewährten Möglichkeit diejenige Strafart anzuwenden, welche für die eigentliche Haupttat, den Betrug,
zu verhängen gewesen wäre.
Aus diesem Grunde sind mildernde Umstände als vorhanden angenommen und ist deshalb nicht auf Zuchthaus,
sondern auf Gefängnis erkannt worden. Für die Abmessung
dieser Gefängnisstrafe auf 4 Jahre waren wiederum die
oben mitgeteilten teils strafschärfenden, teils mildernden
Gesichtspunkte bestimmend.
Eine Erörterung, ob gegen den Angeklagten auf Verlust der
bürgerlichen Ehrenrechte (§ 32 StGB.) zu erkennen sei, er-
übrigt sich, da ein solcher bei der letzten Vorbestrafung
ausgesprochen ist und noch bis zum Februar 1916 läuft.
Die angeordnete Einziehung beruht auf § 40 StGB.
Die Kostenlast trifft den Angeklagten nach § 497 StGB.«

(Strafakte Wilhelm Voigt, Bd. 3. Zitiert nach
Heidelmeyer, S. 146–151)

Der ›Fall Köpenick‹ bot Gelegenheit, die problematische Praxis der Ausweisungen zu diskutieren. Aus den Verhandlungen des preußischen Abgeordnetenhauses:

»*Dr. v. Bethmann Hollweg, Minister des Innern:* [...] Meine Herren, im Anschluß an der Fall des sogenannten Hauptmanns von Köpenick ist die Kritik, wie sie sich in den Zeitungen dokumentiert hat, meiner Überzeugung nach zum Teil weit über das Ziel hinausgeschossen. *(Sehr richtig! rechts)* Man hat den Hauptmann von Köpenick als eine Art von Helden gefeiert. *(Heiterkeit)* Der gute Erfolg seines Handstreichs legte es ja sehr nahe, daß man im ersten Moment eine gewisse Sympathie mit einem so schneidigen Kerl hatte; *(Heiterkeit)* aber die Folgerungen, welche dann in der Presse an diesen Fall in bezug auf die Ausweisung geknüpft worden sind, gehen meiner Überzeugung nach zu weit. Man wird mir vielleicht eine gewisse Grausamkeit vorwerfen, aber für mich ist doch der allererste Gesichtspunkt, den die Polizei und auch die Strafrechtspflege zu befolgen hat, der, daß wir die Gesellschaft gegen die unsozialen Elemente sichern. *(Sehr richtig! rechts)* Das ist für mich der Hauptsatz: ich will den gesunden Teil der Bevölkerung vor kranken Elementen schützen. *(Sehr richtig!)* Gewiß, meine Herren, gehe ich dabei nicht so weit, daß ich etwa nach spartanischem Muster sage, jedes kranke Mitglied solle überhaupt aus der Gesellschaft eliminiert werden. In vielen Fällen wäre es ja sehr vorteilhaft, *(sehr richtig! rechts)* wenn wir es könnten; aber es geht nicht. Ich bin durchaus von der Ansicht durchdrungen und überzeugt, daß es die Pflicht der Polizei ist, in allen diesen Fällen möglichst die Scheidung zu versuchen zwischen den Personen, welche als dauernd unsozial angesehen werden müssen, und denjenigen, welche durch die Not der Umstände, infolge der schlechten Einwirkung des Milieus, in dem sie aufgewachsen sind, oder infolge sonstiger widriger Umstände des Lebens einmal eine Straftat begangen haben und nun etwa, weil sie einmal bestraft worden sind, rettungs- und schonungslos auf den weiteren Weg des Verbrechens gewiesen werden. Zwischen diesen Teilen soll die Polizei mit der größten Sorgfalt scheiden, und die soll den Reuigen, welche bestrebt sind, einem geordneten Leben sich wieder zuzuwenden, keine Steine in den Weg legen, sondern sie soll

sie unmittelbar unterstützen. *(Bravo!)* Aber bezüglich der
übrigen Elemente, welche sich als dauernd unsozial erwiesen haben, soll sie auch die Gesellschaft gegen weitere
Missetaten dieser Leute mit aller Energie schützen. *(Sehr
richtig!)*«

> (Stenographische Berichte über die Verhand-
> lungen des Preußischen Hauses der Abgeord-
> neten. 20. Legislaturperiode. III. Session 1907.
> Bd. 1. Sp. 1010)

Der Gnadenerweis des Kaisers:

»Auf Ihren Bericht vom 8. August d. Js., dessen Anlagen
ohne den Aktenauszug anbei zurückfolgen, will Ich dem
Schuhmacher Wilhelm *Voigt* aus Berlin, zur Zeit im Straf-
gefängnis in Tegel, den nicht verbüßten Teil der ihm durch
das rechtskräftige Erkenntnis des Landgerichts II in Berlin
vom 1. Dezember 1906 wegen unerlaubten Tragens einer
Uniform, Vergehens wider die öffentliche Ordnung, Freiheitsberaubung, Betruges und schwerer Urkundenfälschung
auferlegten Gefängnisstrafe von vier Jahren hierdurch in
Gnaden erlassen. – Wilhelmshöhe den 15. August 1908.

gez. *Wilhelm R.*
ggez. Beseler.«

> (Zitiert nach Heidelmeyer, S. 155)

»Aber schon war Frau Fama geschäftig gewesen«, schreibt
Wilhelm Voigt über die Zeit nach seiner Entlassung. Das
Interesse an seiner Person wird nicht aufhören, den Zeitungen Stoff für immer neue Artikel und Voigt stetige Ein-
künfte zu sichern:

»Ein deutsch-amerikanisches Blatt fragte in den Tagen des
blühendsten Hau- und Grete Beier-Kultus unser Volk mehr
naiv als höflich: ›Seid Ihr denn alle verrückt geworden?‹
Man wird unwillkürlich an dieses drastische Wort erinnert,
wenn man den Fieber-Paroxismus beobachtet, in welchen
ein großer Teil der reichshauptstädtischen Bevölkerung
durch die Begnadigung des Schuhmachers Voigt, des sogenannten ›Hauptmanns von Köpenick‹ versetzt worden
ist. Der Mann läuft Gefahr, zu einem Nationalheiligen des
Micheltums zu avancieren. Große Summen hat man ihm
zur Verfügung gestellt, um seine Zukunft sicherzustellen.
Das ließe sich noch hören; denn einer mit dem Strafgesetz

in Konflikt geratenen Persönlichkeit, die ihr Unrecht ge-
sühnt hat, soll man die Wege zu ehrlichem Fortkommen
ebnen. Auch folgt das menschliche Mitleid dem Begnadig-
ten, weil er unzweifelhaft wegen seiner früheren Vergehen
ganz auffallend hart bestraft, auch ohne zwingenden
Grund aus einer ehrlichen Beschäftigung wieder heraus-
gedrängt worden ist. Endlich war sein letzter Gaunertrick
von einer überwältigenden Komik umgeben, welche seinen
Namen unwillkürlich und nicht mit dem schlechtesten
Klang in den Mund aller brachte. Daher möge man ihn
reichlich mit Geldspenden versehen, oder ihm sonst eine
auskömmliche Arbeitsgelegenheit verschaffen, damit er
nicht wieder rückfällig werde.

Aber ganz anders will doch das Verhalten beurteilt sein, in
dem sich ein großer Teil des Berliner Publikums ihm gegenüber gefällt. Zunächst ist er der Held der Sensationspresse
geworden, die ihn in Wort und Bild, mit gereimtem und
ungereimtem Pathos feiert, und sich fast entleibt in Ergebenheit vor seiner illustren Persönlichkeit. Jeder Zug in
seinem Auftreten wird als Ausfluß einer kaum je geahnten
Seelengröße den Tages-Annalen einverleibt; über jede seiner Handlungen, wann und wohin er ausgeht, wo und wie
er ißt, wie er schläft, spricht, weint und lacht, wird ge-
treulich Buch geführt und Bericht erstattet. Besonders an-
mutend klingt folgender gereimter Hymnus eines hiesigen
Blattes an den Gefeierten:

> Es mischt zwar ein Bedauern sich
> In unsre Freude ein:
> Gelobt hast du, nun ordentlich
> Dein Leben lang zu sein.
> Und diese Nachricht wahrlich traf
> Fast schmerzlich unser Ohr:
> Ein Mensch, der ehrlich ist und brav,
> Ist selten bei Humor!

Auf einen tieferen sittlichen Standpunkt wie in allen diesen
Kundgebungen, kann sich die Berliner Sensationspresse tatsächlich nicht mehr stellen. Daher befremdet es auch kaum
noch, daß ein Tegeler Vorstadtsblatt den Schuhmacher Voigt
ganz für sich mit Beschlag zu belegen und seiner Re-
daktion einzuverleiben strebt. Andere Leute stellen ihm
ihre Villen zur Verfügung; berauschen sich an seinem Bilde;

wollen ihn auf der Bühne zeigen; zu Vorstellungen und
Vorträgen ermutigen; mit ihm, als einem Wundertier, durch
das Land ziehen. Und die holde Weiblichkeit! Sie spendet
ihm Blumen, Leckerbissen, Liebesbeteuerungen!«

(Die Post, Berlin, 18. 8. 1908. Zitiert nach
Heidelmeyer, S. 157 f.)

Mit der Schaustellung Voigts nach seiner Entlassung setzt
sich die »Deutsche Tageszeitung« auseinander:

»Der Hauptmann von Köpenick, so schreibt man uns, be-
findet sich gegenwärtig in der Bodenseegegend. Er weiß
trotz der Hindernisse, die ihm die Behörden in den Weg
legten, aus seiner ›Berühmtheit‹ Kapital zu schlagen, und
da er unseren Rechtsformalismus hinreichend kennt, um
den Behörden keine Waffe in die Hand zu liefern, wird
ihm das Handwerk wohl kaum gelegt werden können. Der
Schreiber dieser Zeilen glaubte an einen Faschingsscherz,
als er dieser Tage in einem Lindauer Blatte die Ankündi-
gung las, der ›weltberühmte Hauptmann von Köpenick‹
werde an drei bestimmten Tagen in einem der bekannteren
Lindauer Restaurants ›als Gast‹ anzutreffen sein. Es ver-
hielt sich aber wirklich so, und die Leute liefen, daß es
eine Art hatte. Wilhelm Voigt traf zur bestimmten Zeit im
eigenen Automobil mit Chauffeur ein und begab sich nach
seinem Absteigequartier. Gleichzeitig kam ein Humoristen-
trupp, und für dessen Darbietungen – ohne die man natürlich auch den Räuberhauptmann nicht sehen kann – wird
ein Eintrittsgeld erhoben. Voigt sitzt dann an einem Tische,
von den unzähligen Verehrern und Neugierigen um-
schwärmt, gibt Auskunft über sein Leben und seine Taten
und ›beschenkt‹ die Leute mit Postkarten, auf denen ein
Berliner Photograph Voigts ganze Wohlgestalt verewigt
hat. Dabei braucht er nicht einmal zu fragen: ›Was
schenkst du mir dafür?‹ wie gewisse Damen in der Berliner
Friedrichstraße. Selbst aus Vorarlberg und tief hinten aus
dem Bregenzerwald kamen die Leute angerückt, um Wilhelm Voigt zu sehen; sie konnten nicht erwarten, bis ein
geschäftskundiger Hotelier zu Bregenz ihnen den gefeierten
Mann in größerer Nähe präsentieren würde. Es ist wie eine
allgemeine Krankheit; es fällt niemandem ein, sich gegen
diesen Kultus offen zur Wehr zu setzen. Das einzige, was

ein vernünftiger Mensch tun kann, ist, daß er selber weg-
bleibt – und dann wird er sich von beinahe zehn Zehnteln
der Bevölkerung vorteilhaft unterscheiden. Nach Vorarlberg wird wahrscheinlich der Schweiz die Ehre zuteil werden, den Wilhelm Voigt leibhaftig zu sehen. Wenn es so
weiter geht, so kann sich der ›Hauptmann‹ bald einen
Extrazug leisten für seine Reisen von Ort zu Ort. Man
sollte glauben, daß schon der gänzliche Mangel an Fein-
gefühl, der sich in solchen Produktionen kundgibt, ernüch-
ternd auf die Bevölkerung wirken müßte. Aber es erlebt
bekanntermaßen immer nur derjenige keine Enttäuschung,
der im vorhinein mit dem Überwiegen der primitiven In-
stinkte im Volke ganz kräftig rechnete, so wie der ›Hauptmann von Köpenick‹ mit dieser Tatsache offenbar zu rechnen versteht . . .«

(Deutsche Tageszeitung, Berlin, 25. 1. 1909.
Zitiert nach Heidemeyer, S. 175 f.)

VIII. Dokumente zu Politik, Militär und Gesellschaft im Kaiserreich

Die Ausführungen Kaiser W i l h e l m s I. (1797–1888) zum Standesethos der Offiziere, die er in der »Einleitung zur Verordnung über Ehrengerichte« vom 2. Mai 1874 machte, lassen teilweise noch den ›altpreußischen‹, eher spartanischen Geist hervortreten, der unter dem Enkel, Wilhelm II., zunehmend dem Hang zu Luxus, Repräsentation und Aufschneiderei wich:

»Ich erwarte daher von dem gesamten Offizier-Korps Meines Heeres, daß ihm, wie bisher so auch in Zukunft, die Ehre das höchste Kleinod sein wird; dieselbe rein und fleckenlos zu erhalten, muß die heiligste Pflicht des ganzen Standes, wie des einzelnen bleiben. Die Erfüllung dieser Pflicht schließt die gewissenhafte und vollständige Erfüllung aller andern Pflichten des Offiziers in sich. Wahre Ehre kann ohne Treue bis in den Tod, ohne unerschütterlichen Mut, feste Entschlossenheit, selbstverleugnenden Gehorsam, lautere Wahrhaftigkeit, strenge Verschwiegenheit, wie ohne aufopfernde Erfüllung selbst der anscheinend kleinsten Pflichten nicht bestehen. Sie verlangt, daß auch in dem äußern Leben des Offiziers sich die Würde ausdrücke, die aus dem Bewußtsein hervorgeht, dem Stande anzugehören, dem die Verteidigung von Thron und Vaterland anvertraut ist. – Der Offizier soll bestrebt sein, nur diejenigen Kreise für seinen Umgang zu wählen, in denen gute Sitte herrschend ist, und darf am wenigsten an öffentlichen Orten aus dem Auge lassen, daß er nicht bloß als gebildeter Mann, sondern auch als Träger der Ehre und der gesteigerten Pflichten seines Standes auftritt. Von allen Handlungen, welche dem Ruf des einzelnen oder der Genossenschaft nachteilig werden können, besonders von allen Ausschweifungen, Trunk und Hazardspiel, von der Übernahme solcher Verpflichtungen, mit denen auch nur der Schein unredlichen Benehmens verbunden sein könnte, vom hazardmäßigen Börsenspiel, von der Teilnahme an Erwerbsgesellschaften, deren Zweck nicht unantastbar und deren Ruf nicht tadellos ist, sowie überhaupt von jedem Streben nach Gewinn auf einem Wege, dessen Lauterkeit nicht klar er-

kennbar ist, muß der Offizier sich weit abhalten. Sein
Ehrenwort darf er nie leichtsinnig verpfänden.

Je mehr anderwärts Luxus und Wohlleben um sich greifen,
um so ernster tritt an den Offizierstand die Pflicht heran,
nie zu vergessen, daß es nicht materielle Güter sind, welche
ihm die hochgeehrte Stellung im Staate und in der Gesellschaft erworben haben und erhalten werden. Nicht nur,
daß die kriegerische Tüchtigkeit des Offiziers durch eine
verweichlichende Lebensweise beeinträchtigt werden könnte, sondern völlige Erschütterung des Grundes und Boden,
worauf der Offizierstand steht, ist die Gefahr, welche das
Streben nach Gewinn und Wohlleben mit sich bringen
würde.

Je eifriger die Offizier-Korps treue Kameradschaft und
richtigen Korpsgeist pflegen, um so leichter werden sie
Ausschreitungen vorbeugen, auf Abwege geratende Kame-
raden in die richtigen Bahnen zurückleiten, unnütze Händel und unwürdige Zänkereien vermeiden.

Niemals darf das berechtigte Selbstgefühl des Offiziers in
Mangel an Achtung oder in Überhebung gegen andere
Stände ausarten. Je mehr der Offizier seinen Beruf liebt
und je höher er dessen Zwecke auffaßt, um so mehr wird
er ermessen, in wie hohem Grade das volle Vertrauen aller
Stände zum Offizierstande eine Bedingung für die erfolg-
und ruhmreiche Lösung der letzten und höchsten Aufgabe
des Heeres ist.«

(Aus: Max Menzel: Der Infanterie-Einjährige
und Offizier des Beurlaubtenstandes. Hrsg.
von Eckart von Wurmb. Berlin: Eisenschmidt
15 1915. S. 305)

Theodor F o n t a n e (1819–98), der in seinen Romanen
häufig eine differenzierte Schilderung preußischer Verhältnisse liefert (»Effi Briest«, »Frau Jenny Treibel«, »Schach
von Wuthenow«, »Der Stechlin«), charakterisierte in einem
Brief vom 5. April 1897 an Georg Friedlaender den jungen
Kaiser Wilhelm II. und die Epoche, die mit ihm herauf-
zieht:

»Was mir an dem Kaiser gefällt, ist der totale Bruch mit
dem Alten und was mir an dem Kaiser *nicht* gefällt, ist das
im Widerspruch dazu stehende Wiederherstellenwollen des
Uralten. In gewissem Sinne befreit er uns von den öden

Formen und Erscheinungen des alten Preußenthums, er bricht mit der Ruppigkeit, der Poplichkeit, der spießbürgerlichen Sechsdreierwirthschaft der 1813er Epoche, er läßt sich, aufs Große und Kleine hin angesehn, neue Hosen machen, statt die alten auszuflicken. Er ist ganz unkleinlich, forsch und hat ein volles Einsehen davon, daß ein Deutscher Kaiser was andres ist als ein Markgraf von Brandenburg. Er hat eine Million Soldaten und will auch hundert Panzerschiffe haben; er träumt (und ich will ihm diesen Traum hoch anrechnen) von einer Demüthigung Englands. Deutschland soll obenan sein, in all und jedem. Das alles – ob es klug und ausführbar ist, laß ich dahingestellt sein – berührt mich sympathisch und ich wollte ihm auf seinem Thurmseilwege willig folgen, wenn ich sähe, daß er die richtige Kreide unter den Füßen und die richtige Balancirstange in Händen hätte. Das hat er aber nicht. Er will, wenn nicht das Unmögliche so doch das Höchstgefährliche, mit falscher Ausrüstung, mit unausreichenden Mitteln. Er glaubt das Neue mit ganz Altem besorgen zu können, er will Modernes aufrichten mit Rumpelkammerwaffen; er sorgt für neuen Most und weil er selber den alten Schläuchen nicht mehr traut, umwickelt er eben diese Schläuche mit immer dickerem Bindfaden und denkt: ›nun wird es halten.‹ Es wird aber *nicht* halten. Wer sich neue weite Ziele steckt, darf sein Feuerschloßgewehr nicht blos in ein Percussionsgewehr umwandeln lassen, der muß ganz neue Präcisionswaffen erfinden, sonst knallt er vergeblich drauf los. Was der Kaiser muthmaßlich vorhat, ist mit ›Waffen‹ überhaupt nicht zu leisten; alle militärischen Anstrengungen kommen mir vor, als ob man Anno 1400 alle Kraft darauf gerichtet hätte, die Ritterrüstung kugelsicher zu machen, – statt dessen kam man aber schließlich auf den einzig richtigen Ausweg, die Rüstung ganz fortzuwerfen. Es ist unausbleiblich, daß sich das wiederholt; die Rüstung muß fort und ganz andre Kräfte müssen an die Stelle treten: Geld, Klugheit, Begeisterung. Kann sich der Kaiser dieser Dreiheit versichern, so kann er mit seinen 50 Millionen Deutschen jeden Kampf aufnehmen; durch Grenadierblechmützen, Medaillen, Fahnenbänder und armen Landadel der seinem ›Markgrafen durch Dick und Dünn folgt‹, wird er es aber *nicht* erreichen. Nur Volkshingebung kann die Wunderthaten thun, auf die er aus ist; aber um diese

Hingebung lebendig zu machen, dazu müßte er die Wurst gerade vom entgegengesetzten Ende anschneiden. Preußen – und mittelbar ganz Deutschland – krankt an unsren Ost-Elbiern.«

(Fontane: Briefe an Georg Friedlaender. Hrsg. u. erl. von Kurt Schreinert. Heidelberg: Quelle & Meyer 1954. S. 309 f.)

W i l h e l m II. (1859–1941, dt. Kaiser und König von Preußen 1888–1918) war schon als junger Prinz vom Militär begeistert. In seinen Jugenderinnerungen schilderte er seine erste Parade:

»Einige Monate darauf – es war am 2. Mai, dem Tage von Großgörschen – machte ich, die hohe Grenadiermütze auf dem Kopfe, meine erste Parade mit. Es war eine der letzten ›Kirchenparaden‹, von denen ich schon sprach; bald danach wurden sie abgeschafft. Das Regiment setzte die Gewehre auf dem Lustgarten zusammen, marschierte zur Garnisonkirche und wohnte dort in Anwesenheit des Königs und des Königlichen Hauses dem Gottesdienst bei. Die Predigt hielt der Hofprediger Rogge, dem es fast zwei Jahre später vergönnt war, in Versailles dem deutschen Kaiserreich die Taufrede zu halten. Nach dem Gottesdienst marschierten die Bataillone zum Lustgarten zurück, nahmen die Gewehre in die Hand und wurden ausgerichtet. Die Kommandorufe verhallten, und mit einem Schlage beherrschte lautlose Stille den weiten Platz. Nun erschien am rechten Flügel der König, und alsbald zerriß das Kommando zum Präsentieren das tiefe Schweigen. Mit Ruck – zuck gingen die Gewehre in die befohlene Stellung, die Bataillone erstarrten zu Erz. Im selben Augenblick fielen mit schmetternden Klängen Tambours und Regimentsmusik ein; der Präsentiermarsch dröhnte und jubelte über den Exerzierplatz. Indessen musterte mit forschendem Blick mein Großvater, langsam die Front abschreitend, seine regungslos dastehenden Grenadiere, und lauter schlug des Knaben Herz, als auch ihn seines Königs Auge traf. Dann formierten sich die Bataillone zum Vorbeimarsch, ich selbst kam als schließender Offizier vorüber. Es war ein unvergeßlicher Tag. Denn was konnte es für einen Prinzen des Hauses, einen Enkel des Königs und einen Offizier des

Ersten Garderegiments zu Fuß Schöneres geben, als dem
hohen ehrfurchtgebietenden Herrn im Dienste gegenüber-
zustehen!«

(Wilhelm II.: Aus meinem Leben. 1859–1888.
Berlin u. Leipzig: Koehler ⁴1927. S. 41)

In seinen Erinnerungen schilderte der abgedankte Kaiser
W i l h e l m II. sein Verhältnis zu den politischen Parteien:

»Daß ich in keiner Weise gegen irgendeine Partei – abgesehen von den Ultra-Sozialisten – ablehnend gesinnt, auch
nicht antiliberal war, hat meine spätere Regierungszeit bewiesen. [...]
Mit der konservativen Partei bestanden naturgemäß zahl-
reiche Beziehungen und Berührungspunkte, da die Herren
vom Landadel auf Hof- und anderen Jagden viel mit mir
zusammentrafen oder zu Hofe kamen, auch in Hofstellun-
gen Dienst taten. Durch sie konnte ich ausgiebige Orientie-
rung über alle Agrarfragen erhalten und hören, wo den
Landmann der Schuh drückte.
Die Freisinnigen unter ihrem ›unentwegten Führer‹ haben
keine Beziehung zu mir aufgenommen; sie beschränkten
sich auf die Opposition.
In den Gesprächen mit Benda und Bennigsen wurde oft
über die Zukunft des Liberalismus gesprochen. Dabei tat
Benda einmal den interessanten Ausspruch: ›Es ist nicht
nötig und auch nicht gut, wenn der Thronfolger in Preußen
in Liberalismus macht; das können wir nicht brauchen. Er
muß in larger und nicht beengter Weise ohne Voreingenom-
menheit gegen andere Parteien doch im Grunde genommen
konservativ sein.‹
Als ich mit Bennigsen die Notwendigkeit erörterte, daß die
Nationalliberalen ihr Programm, das ursprünglich unter
der Devise: ›Aufrichtung des Deutschen Reiches und
Pressefreiheit‹ die Mitglieder um die liberale Fahne ge-
schart habe – was nun lange schon erreicht sei –, revidieren
müßten, damit die werbende Kraft des alten preußischen
Liberalismus beim Volke nicht verloren gehe, gab Bennigsen
das zu. Die preußischen Liberalen wie Konservativen, fuhr
ich fort, machten beide den Fehler, daß sie noch zu viel
Erinnerungen an die alte Konfliktszeit von 1861–1866 be-
wahrten und bei Wahl- oder anderen politischen Kämpfen
in Gewohnheiten von damals zurückfielen. Jene Zeit sei für

unsere Generation bereits Geschichte geworden und erledigt. Für uns fange die Jetztzeit mit dem Jahre 1870, dem neuen Reiche, an; unter 1866 hätten wir einen Strich gemacht. Man müsse auf dem Boden des Reiches neu bauen, auch die Parteien müßten sich in ihren Zielen danach einrichten, aber nicht altes Vergangenes, noch dazu Trennendes, mit herübernehmen. Das ist leider nicht geschehen. Bennigsen machte eine sehr treffende Bemerkung, indem er sagte: ›Wehe den norddeutschen Liberalen, falls sie unter die Führung der süddeutschen Demokraten kommen sollten, dann ist es mit dem wirklichen, echten Liberalismus zu Ende. Dann kriegen wir die verkappte Demokratie von da unten, die können wir hier nicht brauchen.‹

Die ehrenwerte und königstreue konservative Partei hat leider nicht immer überragende Parteiführer hervorgebracht, die zugleich geschickte, taktisch geschulte Politiker waren. Der agrarische Flügel war zeitweise zu ausgeprägt und bedeutete eine Belastung der Partei. Auch waren die Erinnerungen an die Konfliktszeit noch zu stark. Ich riet zu dem Zusammenschluß mit den Nationalliberalen, fand aber wenig Gegenliebe. Ich habe oft darauf hingewiesen, daß die Nationalliberalen reichstreu und daher kaiserlich gesinnt, also durchaus als Bundesgenossen für die Konservativen zu begrüßen seien. Ich könne und wolle im Reiche nicht ohne sie, keinesfalls gegen sie regieren; der norddeutsche Konservativismus werde in manchen Teilen des Reiches nicht verstanden, eine Folge der anders gearteten historischen Entwicklung; deshalb seien die Nationalliberalen der natürliche Bundesgenosse. Aus diesem Grunde habe ich z. B. auch den Hofprediger Stöcker – einen auf sozialem Gebiete in seiner Missionstätigkeit glänzend bewährten Mann – aus seinem Amte entfernt, weil er in Süddeutschland eine demagogische Hetzrede gegen die dortigen Liberalen gehalten hatte.

Das Zentrum war durch den Kulturkampf zusammengeschweißt und stark antiprotestantisch, dem Reiche nicht hold. Trotzdem habe ich mit vielen bedeutenden Männern der Partei Beziehungen gepflogen und sie zum Nutzen des Ganzen für praktische Mitarbeit interessieren können. Besonders Schorlemer (der Vater) half mir dabei. Er hat nie ein Hehl aus seiner preußischen Königstreue gemacht. Sein Sohn, der bekannte Landwirtschaftsminister, hat sich sogar der konservativen Partei angeschlossen. Bei vielen Vorlagen hat das Zentrum mitgearbeitet, das in seinem alten Führer Windthorst einstmals den schärfsten politischen Kopf im Parlament besitzen durfte. Aber bei allem war doch der Unterton nicht zu verkennen, daß das Interesse der Kirche Roms stets gewahrt sein müsse und nicht zu kurz kommen dürfe.«

(Kaiser Wilhelm II.: Ereignisse und Gestalten aus den Jahren 1878–1918. Leipzig u. Berlin: Koehler 1922. S. 24–27)

In diesem Zusammenhang liefert der Kaiser eine Interpretation des preußischen Wahlspruchs ›suum cuique‹, der auch in Zuckmayers Stück mehrfach genannt wird:

»Diejenigen Arbeiter andererseits, die blindlings den sozialistischen Führern folgten, haben mir keinen Dank für den ihnen geschaffenen Schutz und für meine Arbeit gezollt. Uns trennt der Wahlspruch der Hohenzollern: ›Suum cuique‹. Das heißt: ›Jedem das Seine‹, aber nicht, wie die Sozialdemokraten wollen: ›Allen dasselbe‹!«

(Ereignisse und Gestalten, S. 34)

Der Kaiser über die Armee:

»Meine engen Beziehungen zur Armee sind bekannt. Ich folgte auf diesem Gebiet der Überlieferung meines Hauses. Preußens Könige sind nicht kosmopolitischen Phantasien nachgejagt, sondern sie haben erkannt, daß der Wohlstand eines Landes nur gedeihen kann, wenn eine reale Macht Gewerbefleiß und Handel schützt. Wenn ich in manchen Kundgebungen die Mahnung aussprach, ›das Pulver trokken‹, ›das Schwert scharf‹ zu halten, so war das gleicherweise an die Adresse von Feind und Freund gerichtet. Der Feind sollte es sich dreimal überlegen, bevor er mit uns anzubinden wagte. Im deutschen Volke wollte ich männlichen Geist pflegen. Die Stunde, in der wir die Früchte unseres Fleißes gegen feindliche Eroberungslust zu verteidigen haben würden, sollte ein starkes Geschlecht finden.
Daneben habe ich die erzieherische Aufgabe des Heeres hoch gewertet. Die allgemeine Wehrpflicht wirkt in einem Maße, wie nichts anderes, sozial. Sie bringt Reiche und Arme, Söhne von Land und Stadt zusammen. Sie ließ die jungen Leute, deren Lebenswege sonst weit auseinander

gehen, sich gegenseitig kennen und verstehen lernen. Das Gefühl, *einem* Gedanken zu dienen, einte sie. Und was haben wir aus unserer männlichen Jugend gemacht! Aus blassen Stadtjungens wurden stramme, gesunde, sportgestählte Männer; durch schwere Arbeit steif gewordene Glieder wurden gewandt und elastisch. [...]

Die allgemeine Wehrpflicht war die beste Schule für die körperliche und sittliche Ertüchtigung unseres Volkes. Sie schuf uns freie, ihres Wertes bewußte Männer. Aus diesen Männern ergänzte sich ein vortreffliches Unteroffizierkorps, und dieses wieder lieferte uns eine Beamtenschaft, wie sie in ihrer Tüchtigkeit, Unbestechlichkeit und Pflichttreue kein anderes Volk der Erde aufzuweisen hatte. Auch gerade aus diesen Kreisen bekomme ich jetzt Zeichen der Treue, die mir immer wieder wohltun. Meine alte 2. Kompagnie des Ersten Garderegiments zu Fuß hat in guten und bösen Tagen an dem Ergehen ihres alten Hauptmanns teilgenommen. Zuletzt sah ich sie geschlossen – noch 125 Mann – unter dem braven Feldwebel Hartmann bei meinem 25jährigen Regierungsjubiläum 1913.

Das Offizierkorps nahm, entsprechend seiner hohen Aufgabe als Erzieher und Führer des Volkes in Waffen, eine besondere Stellung im Staate ein. Die Selbstergänzung, die mit der Einrichtung der Offizierswahl in die Hände der einzelnen Offizierkorps gelegt war, verbürgte die notwendige Homogenität. Schädliche Auswüchse von Kastengeist waren vereinzelt. Wo sie sich fühlbar machten, wurden sie sogleich abgestellt. Ich habe viel und gern in den Offizierkorps verkehrt und mich in ihnen als Kamerad gefühlt. – Gewiß war der materialistische Zug unserer Zeit auch am Offizierkorps nicht spurlos vorübergegangen. Aber im ganzen muß man sagen, daß in keinem anderen Stande Selbstzucht, Pflichttreue und Einfachheit so gepflegt wurden wie in den Offizierkorps.

Eine Prüfung, wie sie in keinem anderen Beruf erfolgt, ließ nur die Tüchtigsten und Besten in maßgebende Stellungen gelangen. Die kommandierenden Generale waren Männer von hohem Wissen und Können und – was mehr sagen will – Charaktere. Es ist schwer, aus ihrer Zahl einzelne herauszugreifen.«

(Ereignisse und Gestalten, S. 189–191)

Einer der entscheidenden Streitpunkte zwischen dem jungen Kaiser und seinem Kanzler Otto von Bismarck war die Lösung der ›sozialen Frage‹. W i l h e l m schilderte anschaulich, wie er sich das Verhältnis zum Proletariat dachte:

»Ich möchte, gerade weil ich von meinem Zerwürfnis mit Bismarck wegen der Arbeiterfrage gesprochen habe, – außer dem vorhin über seine grundsätzliche Stellung Gesagten – ein Beispiel dafür anfügen, wie glänzend sich der Fürst in einer Angelegenheit benahm, die die Arbeiterschaft anging. Dabei haben ihn gewiß auch nationale Motive geleitet, aber er erkannte doch sofort, daß es galt, eine große Belegschaft vor Arbeitslosigkeit zu schützen, und griff mit seiner ganzen Autorität durch. Ich hatte – noch als Prinz Wilhelm – in Stettin etwa 1886 in Erfahrung gebracht, daß die große Schiffsbauwerft ›Vulkan‹ aus Mangel an Bestellungen vor dem Konkurs und damit die ganze mehrtausendköpfige Arbeiterschaft vor der Brotlosigkeit stand. Dies war auch für die Stadt Stettin katastrophal. Die Werft konnte nur durch eine Bestellung auf ein großes Schiff über Wasser gehalten werden. Sie war, durch Admiral v. Stosch seinerzeit aufgefordert – um uns vom englischen Schiffbau endlich loszumachen –, mutig darangegangen und hatte das *erste* deutsche Panzerschiff gebaut, dessen Taufe Anno 1874 meine Mutter an ihrem Geburtstag vollzog, wobei ich zugegen gewesen bin. Seither hatten ihre Schiffe stets die Zufriedenheit der Kriegsmarine erworben; doch diese baute nur selten. Die Handelsmarine aber hatte nicht gewagt, den kühnen Schritt Admirals v. Stosch nachzutun. Nun stand diese tapfere deutsche Werft vor dem Ruin, denn der Bremer Lloyd hatte ihr Angebot auf einen Passagierdampfer abgelehnt mit dem Bemerken, das könnten die Engländer besser à conto ihrer langjährigen Tradition. Die Not war groß. Ich eilte zum Fürsten Bismarck und legte ihm die oben geschilderten Vorgänge dar. Ein heller Zorn ergriff den Kanzler, und blitzenden Auges schlug er mit der Faust auf den Tisch. ›Was? Diese Pfeffersäcke wollen lieber ihre Kähne in England als bei uns bauen? Das ist ja ganz unerhört! Dabei soll eine gute deutsche Werft zugrunde gehen? Der Deibel soll diese Kaufmänner beim Kanthaken kriegen!!‹ Er klingelte, ein Diener trat ein. ›Geheimrat X. aus dem Auswärtigen Amt sofort hierher!‹ Nach wenigen

Minuten, während deren der Fürst auf- und abstampfte,
erschien der Gerufene. ›Telegramm nach Hamburg an den
Gesandten: der Lloyd in Bremen hat sein neuestes Schiff in
Stettin beim Vulkan bauen zu lassen!‹ Der Geheimrat verschwand eiligst mit ›waagerecht abstehenden Rockschößen
um die offene Tür herumwalzend‹. Der Fürst wandte sich
zu mir und sagte: ›Ich bin Ihnen zu besonderem Dank verpflichtet. Sie haben dem Vaterland und auch mir einen
wichtigen Dienst erwiesen. Fortan wird nur noch bei *uns*
gebaut. Das werde ich den Hanseaten schon klar machen.
Sie können an den Vulkan telegraphieren, daß der Kanzler
sich für den Bau auf der Vulkanwerft verbürgt; möge es
der Anfang einer langen Reihe sein! Die Arbeiter aber, die
Sie auf diese Weise vor Arbeitslosigkeit geschützt haben,
mögen sich bei Ihnen bedanken!‹ Ich benachrichtigte Geheimrat Schlutow in Stettin, die Freude war groß. Es war
der Anfang, der zu dem Bau der herrlichen Schnelldampfer
führen sollte.
Als ich im Dezember 1888 nach meinem Regierungsantritt
nach Stettin fuhr, um meinen pommerschen Grenadieren
die Erinnerungsbänder an ihre Fahnen zu verleihen, besuchte ich auf Bitten des Vorstandes auch den Vulkan.
Nach Empfang durch den Vorstand außerhalb der Werft
taten sich die großen Flügeltore auf, und ich schritt hinein.
Aber statt Arbeit und dröhnender Hämmer empfing mich
tiefe Stille. Die gesamte Arbeiterschaft stand im offenen
Halbkreis versammelt und entblößte ihre Häupter. In ihrer
Mitte stand der älteste Arbeiter mit schneeweißem Bart,
einen Lorbeerkranz in der Hand. Ich war ergriffen. Schlutow flüsterte mir zu: ›Eine kleine Freude, die die Arbeiter
sich selbst ausgedacht haben.‹ Der alte Schmied trat vor,
und in kernigen schlichten Worten sprach er mir den Dank
der Arbeiter dafür aus, daß ich sie und vor allem ihre
Frauen und Kinder durch meine Verwendung bei Bismarck
für das Schiff vor Not und Hunger bewahrt hatte. Als
Zeichen der Dankbarkeit der Arbeiterschaft bat er, den
Lorbeerkranz überreichen zu dürfen. Auf das tiefste bewegt
nahm ich den Kranz entgegen und verlieh der Freude darüber Ausdruck, daß ich im Frieden ohne einen Tropfen
Blut meinen ersten Lorbeer aus der Hand braver deutscher
Arbeiter empfing. Das war Anno 1888! Damals wußte die
deutsche Arbeiterschaft den Segen der Arbeit zu schätzen.«

(Ereignisse und Gestalten, S. 37–39)

Durch die Institution des ›Militäranwärters‹ (eine Stellung, in der Hoprecht in Zuckmayers Stück nach den Worten seiner Frau, II, 9, gern geblieben wäre) wurde militärische Mentalität tief im niederen Beamtentum verankert. Diese Tatsache trug wesentlich zur ›Militarisierung‹ des öffentlichen Lebens bei. Hierzu führt der Historiker Otto H i n t z e (1861–1940) aus:

»Spezifisch preußisch ist endlich in ihrem Ursprung die eigentümliche Verbindung des Zivilbeamtentums mit dem Militär durch die Institution der Militäranwärter für das untere und mittlere Beamtentum. Wie in den höheren Regionen der ›Assessorismus‹, so herrscht in den unteren der ›Militarismus‹; und diese Erscheinung hat sich seit der Begründung des Reiches auch den anderen Bundesstaaten mitgeteilt. Das System, durch Militäranwärter, d. h. also namentlich durch ausgediente Unteroffiziere, die unteren und einen Teil der mittleren Stellen des Zivilbeamtenstandes zu besetzen, geht auf das 18. Jahrhundert zurück, wo Preußen eine Armee hielt, die fast 4 % seiner gesamten Bevölkerung ausmachte. Friedrich der Große sah es auch gerne, wenn zu Landräten ausgediente Offiziere vorgeschlagen wurden; die Kriegs- und Steuerräte, die Kriegs- und Domänenräte wurden größtenteils aus den Auditeurs und Regimentsquartiermeistern ergänzt; vor allem aber sollten in den unteren Stellen der Verwaltung die ausgedienten Unteroffiziere und Invaliden versorgt werden. So hing also damals das Zivilbeamtentum mit dem Militär an mehr als einem Punkte zusammen. Das System der Militäranwärter aber ist eine bleibende Einrichtung in Preußen und dann auch allgemein im Deutschen Reiche geworden, weil man nur so den nötigen Ersatz für das Unteroffizierkorps gewinnen konnte; diese militärische Rücksicht hat alle Einwendungen dagegen zurückgedrängt. Nicht bloß im Staatsdienst, sondern auch bei den kommunalen und städtischen Behörden, im niederen Kirchendienst, bei den Versicherungsämtern usw. sind die unteren Stellen, die nur mechanische Dienstleistungen verlangen, und die Stellen der Kanzlisten, denen nur die Besorgung des Schreibwerks obliegt, ausschließlich den Inhabern eines Zivilversorgungsscheines vorbehalten und von den mittleren Stellen des Bürodienstes, den etatmäßigen wie den diätarischen, die

Hälfte, mit Ausnahme solcher, die eine besondere wissenschaftliche oder technische Vorbildung verlangen. Nur wenige Behörden, wie Ministerien und Konsulate, sind an diese Vorschriften nicht unbedingt gebunden. Die Vakanzenlisten werden allwöchentlich veröffentlicht und durch die Vermittlungsbehörden, als welche die Bezirkskommandos fungieren, den Anwärtern zugänglich gemacht, die sich darum zu bewerben haben. Genügt die persönliche Qualifikation des Bewerbers den Anforderungen der Stelle, so wird der ›Militäranwärter‹ zum ›Stellenanwärter‹, kann zunächst auf Probe angenommen oder zu informatorischer Beschäftigung eingestellt werden und wird dann je nach dem Charakter der Stelle auf Lebenszeit oder auf Kündigung oder auf Widerruf angestellt. Die vorgeschriebenen Prüfungen sind auch von den Militäranwärtern abzulegen. [...]

Einwendungen vom administrativen Standpunkt lassen sich gegen dieses System kaum erheben, da es sich keineswegs um eine wahllose Einstellung ohne Prüfung der Qualifikation handelt. Die militärische Disziplin mit ihrer Gewöhnung an Ordnung und Pünktlichkeit, an Promptheit im Gehorchen und Bestimmtheit im Auftreten ist eine ausgezeichnete Schule für untere Beamte, bei denen es weniger auf Intelligenz als auf Zuverlässigkeit ankommt. Daß militäruntaugliche Leute durch die Alleinberechtigung der Militäranwärter von den unteren Stellen des öffentlichen Dienstes fast ganz ausgeschlossen werden, mag in manchen Fällen bedauerlich erscheinen, kann aber nicht als durchschlagender Einwand gegen das System angesehen werden, das sich übrigens im allgemeinen recht gut bewährt hat. Nur in einem Punkt sind berechtigte Beschwerden hervorgetreten. Die militärischen Gewohnheiten unserer Schutzleute, die leicht geneigt sind, dem Publikum gegenüber sich als Vorgesetzte zu fühlen, und den barschen Unteroffizierston nicht so leicht loswerden, sind ja oft bemängelt worden; man hat demgegenüber auf die englischen Polizeibeamten hingewiesen, die sich aus Zivilisten ergänzen und weit populärer sind. Aber diese Übelstände, um deren Verminderung übrigens die Verwaltung ernstlich bemüht ist, müssen mit Rücksicht auf die militärischen Notwendigkeiten hingenommen werden. England hat nicht so viele Unteroffiziere zu versorgen wie wir; wir können den englischen

Policeman sowenig bei uns nachahmen wie den englischen
Richter. [...] Man hat Idealbilder von Polizisten entworfen, wie sie sein könnten und sollten, und dabei nur vergessen, daß solchen glänzenden Eigenschaften am Ende die
nicht allzu glänzenden Existenzbedingungen dieser Beamtenklasse doch kaum entsprechen würden.«

> (Hintze: Der Beamtenstand [1911]. In: O. H.,
> Gesammelte Abhandlungen. Bd. 2 Soziologie
> und Geschichte. Hrsg. von Gerhard Oestreich.
> Göttingen: Vandenhoeck & Ruprecht ²1964.
> S. 103–105)

In dem ›Lern- und Lesebuch‹ über »Dienst und Leben des
jungen Infanterie-Offiziers« schrieb Karl K r a f f t im
Kapitel »Der Verkehr in Zivilkreisen«:

»Das Verhältnis zwischen Offizieren und Polizei ist in
Preußen durch eine im Jahre 1880 erneut herausgegebene
Kabinettsorder dahin geregelt, daß Schutzleute und Polizisten nicht das Recht haben, einen Offizier festzunehmen
oder auch nur Hand an ihn zu legen, es sei denn, daß er ein
Verbrechen begehe und daß seine Nichtfestnahme eine Gefahr bedingen würde. Polizeibeamte sind vielmehr verpflichtet, den Offizier, wenn er einer polizeilichen Vorschrift oder Anordnung nicht nachkommt, auf seine Übertretung aufmerksam zu machen. Weiter gehen ihre Befugnisse nicht, da es vorzuziehen ist, daß eine Übertretung
augenblicklich ungerügt bleibt und erst später eine ernste
Rüge zur Folge hat, als daß ›ein Zusammenstoß zwischen
Offizier und Beamten herbeigeführt wird‹. [...]
In Zivilkleidung hat der Offizier zunächst keinerlei Anspruch, anders als jede Zivilperson behandelt zu werden.
Sobald er sich aber hat als Offizier ausweisen können, ist
die Zivilbehörde verpflichtet, ihn als Offizier zu behandeln, ihn also im Falle geschehener Festnahme an eine
Militärwache abzuliefern. Diese hat nun gemäß ihrer
Wachtvorschrift zu verfahren. Derartige Vorkommnisse
sind aber für den Offizier selbst wie für den Offizierstand
sehr unangenehm, und der Offizier hat Strafe zu erwarten,
mindestens schon wegen Ziviltragens, das in solchen Fällen
wohl stets unbefugt gewesen sein wird. Zum gewöhnlichen
Ausgehen ist bekanntlich das Ziviltragen nicht erlaubt, und
doch geschieht es. Die Gründe können verschiedener Art
sein.

Es gibt Großstädte – Berlin ist eine solche –, in denen der Offizier in Uniform am Sonntagnachmittag an manchen Orten geradezu Aufsehen erregen würde. Es will aber um solche Zeit niemand gern die Aufmerksamkeit auf sich ziehen, vielmehr nach Möglichkeit untertauchen in der allgemeinen Menschenwoge, wo alles zu irgendeinem Vergnügen strebt. Man will für sich sein inmitten von Tausenden. So ist es innerhalb der Großstadt abends an allen Tagen. [...]
Streitigkeiten und Konflikte, in die der Offizier in Zivil gerät, pflegen fast immer in einer für ihn unangenehmen Weise zu enden. Dem als Offizier Erkennbaren gegenüber weiß jeder, daß es eine ernste Sache ist, mit ihm Händel zu suchen. Entweder ist eine Herausforderung auf schwere Waffen die letzte Folge, oder der Offizier wird seine Waffe gebrauchen. In Zivil ist aber der Offizier stets im Nachteil. Es kann zur regelrechten Prügelei kommen, und mit einer solchen ist der Offizier in der Regel für seine Zukunft erledigt. Bestenfalls kommt es zum Zweikampf. Einen solchen machen Zivilisten in aller Stille ab, für den Offizier bedingt schon die bloße Herausforderung, die nie ohne Wissen des Ehrenrats erfolgen kann, kriegsgerichtliche Verurteilung.«

(Krafft: Dienst und Leben des jungen Infanterie-Offiziers. Ein Lern- und Lesebuch. Berlin: Mittler & Sohn 1914. S. 259–262. © S. Toeche-Mittler Verlag, Darmstadt)

Über die Funktion des Drills in der preußischen Armee schrieb der Hauptmann a. D. Georg von F o r e l l im Jahre 1894:

»Der Drill, was ist der Drill? Er ist jenes mechanische Einstudiren der Rolle, die eine Compagnie bei der Vorstellung aufzusagen hat, mit den ewigen Wiederholungen, bis sie sie so zu sagen wie im Schlafe auswendig kann. [...]
Aber der Hauptvorwurf, den man gegen den Drill richten muß, ist der, daß er den Soldaten zu einer Maschine, zum bloßen Figuranten degradirt, der seine Künste schließlich ganz im Traume macht. Der Drill arbeitet mit einer solchen Energie geradezu gegen den kriegerischen Zweck des Soldaten, daß man oft über das schwache Resultat der Gesammtbildung im höchsten Grade erstaunt ist. Der Drill ist

nichts als Ballast, aber nicht Ballast, der das Gleichgewicht der Kräfte herstellt, sondern der es aufhebt. Man schaffe ihn ab und man wird sehen, wie Frische, Energie, Elastizität und Initiative sich rasch wieder einstellen werden.«

(Forell: Soldatenmißhandlungen. In: Die Zukunft, Bd. 8, 1894, S. 560)

Eduard Goldbeck antwortete Forell in einem Leserbrief u. a.:

»Der Drill gefährdet die Disziplin, so lautet das Sündenregister weiter. Bisher lehrt die Erfahrung, daß das Schulexerziren die Selbstbeherrschung, die Subordination, wie kein anderer Dienstzweig, anerzieht. Und gerade das instinktive Gehorchen auf das Kommandowort, ein Resultat des Drills, werden wir im nächsten Kriege, dem zersetzenden Einfluß der modernen Feuerwirkung gegenüber, besonders nöthig haben.«

(Goldbeck: Drill und Mißhandlungen. In: Die Zukunft, Bd. 9, 1894, S. 140)

✕ Die Allgemeine Wehrpflicht war in Preußen durch das Boyensche Dienstpflichtgesetz vom 3. September 1814 eingeführt worden. Seitdem mangelte es nicht an Versuchen, sie ökonomisch und ideologisch zu rechtfertigen:

»Ist es nun richtig, daß der Staat eine individuelle Aufgabe hat, so muß auch ein Jeder, ohne Ausnahme, daran mitarbeiten, so muß ein Jeder es für Pflicht, für sittliche Pflicht erachten, jede feindselige Störung der Staats-Entwickelung als eine solche seiner eigenen Individualität abzuweisen, so muß schließlich ein Prinzip entstehen, das Jeden an der Erhaltung des Staates in gleicher Weise betheiligt und doch jeden Einzelnen nach Maßgabe seiner Kräfte und Fähigkeiten anspannt: und insofern ist das Prinzip der allgemeinen Wehrpflicht – individualistisch. Folglich hat auch ihre Schule – die Armee – individuelles und nationales Gepräge; schon darin, möchte ich sagen, liegt ihre sittliche Rechtfertigung, die über ein momentanes Bedürfniß hinausreicht. [...]
Was aber die allgemeine Wehrpflicht zu einem echten, einem für alle Zeiten wahren Prinzip stempelt, das ist ihr sozialistischer Charakter. Geschichtlich betrachtet, hat mit diesem Prinzip ein modernes Volk zum ersten Mal mit dem

nur sogenannten Individualismus gebrochen und sich in das
Gebiet des Sozialismus begeben, der eben nicht die Erfindung einer revolutionären Partei ist, sondern in der Be-
dürftigkeit und Begrenztheit der menschlichen Natur selbst
seine ethische Begründung hat. [...]

Wenn es wahr ist, daß wir uns in einem Niedergange unserer nationalen Kultur befinden, so liegt die Schuld nur an
unserer durch römische Juristen und liberale Politiker gebildeten oberflächlichen Weltanschauung, der zu opponiren
heute Pflicht jedes denkenden Menschen und vor allem des
Soldaten ist, der in der Schule der Disziplin Selbstzucht
und Selbstbescheidung gelernt hat: Grund legende Faktoren
aller Kultur, die uns aber, wie es scheint, in unserer jetzigen
parlamentarisch-politischen Schule gänzlich verloren gehen
sollen.«

> (Ein Offizier: Das Prinzip der allgemeinen
> Wehrpflicht. In: Die Zukunft, Bd. 2, 1893,
> S. 123 f.)

Eine andere Auffassung zur Allgemeinen Wehrpflicht vertritt der Schriftsteller Arthur S c h n i t z l e r (1862–1931)
in einer 1915 entstandenen Notiz:

»Der einzige unbezweifelbare Besitz des Menschen ist sein
Leben. Alle seine anderen Besitztümer sind zum mindesten
zeitweise in irgendeinem Sinne bezweifelbar: Geld, Ruhm
und Macht. Die allgemeine Wehrpflicht aber ist die unge-
heuerste Vergewaltigung an dem einzigen unbezweifelbaren
Besitz des Menschen und überdies zugunsten einer im ganzen und oft im besonderen höchst diskutablen Idee wie
Dynastie, Vaterland, Staat.«

> (Schnitzler: Aphorismen und Betrachtungen.
> Hrsg. von Robert O. Weiss. Frankfurt a. M.:
> S. Fischer 1967. Gesammelte Werke in Ein-
> zelausgaben. S. 206)

Daß differenziertes Denk- und Ausdrucksvermögen der
Wehrertüchtigung nur abträglich sein können, geht aus den
Ausführungen eines anonymen Verfassers hervor: (Vgl.
II, 13, Rittmeister von Schleinitz: Ich bin ja kein Red-
ner ...)

»Sieht man von den Kritiken ab, so wird der Eloquenz in
Offizierskreisen noch immer verhältnißmäßig wenig ge-

fröhnt. Ein nicht abgelesener oder auswendig gelernter
›Vortrag‹ kommt wohl kaum vor. Auch eine Tischrede
wird sorgfältig vorbereitet; ist Das nicht möglich, so sind
die Ansprüche der Hörer bescheiden, mit ein paar kräftig
hinausgeschmetterten, ›warm getönten‹ Worten, vielleicht
auch mit einem passablen Witz, zieht man sich aus der
Sache. Ein geläufiger Stegreifredner ist im Heer heute
noch immer eine auffallende Erscheinung.

Ziemlich unverändert waren bis in die neueste Zeit auch
Theorie und Praxis des Redenhaltens vor den Mannschaften. Je weniger, desto besser. Mancher Compagniechef hat
wohl seine zehn Jahre und mehr die verschiedenen ›Er-
sätze‹ zu Soldaten erzogen, ohne je mehr als dreißig Worte
vor der Front an einander gereiht zu haben. Auch bei wichtigen Gelegenheiten befleißigte man sich kerniger Kürze.
Als wir in Frankreich uns zum Heimmarsch anschickten,
mochte wohl von oben her befohlen sein, in einer Ansprache
auf die ›Bedeutung des Augenblickes‹ belehrend hinzuwei-
sen. Unser Major machte das in der Marschkolonne ab.
›Halt, Gewehr ab! – Na, Kinder! – Diese verfluchten
Schweinehunde! ... (Pause) ... Aber wir habens ihnen gezeigt! ... (Pause) ... Und wenn sie wieder anfangen, dann
sollen sie mal sehen! Seine Majestät der Kaiser hurrah!
Das Gewehr über! Ohne Tritt marsch!‹ Es war ein vortreff-
licher Major. [...]

Bedenklich ist es, die Leute abstrakt und oratorisch zur
Gottesfurcht, Abwendung von der Sozialdemokratie und
zur Königstreue zu ermahnen. Kein kluger Compagniechef
befiehlt Etwas, was er doch nicht durchsetzen kann; z. B.
verbietet er wohl das Schnapsmitbringen zum Marsch, nicht
aber das Schnapstrinken überhaupt. So soll man in allen
Anordnungen sich möglichst konkret halten – auch Erörte-
rungen künstlich konstruirter, entlegener Fälle von Kon-
flikten der Neigungen und Pflichten unterlassen. Am Aller-
wenigsten aber sollte über den Gehorsam theoretisirt werden. Gar der hohe Offizier wird die Möglichkeit nicht einmal andeuten dürfen, daß nicht gehorcht werden könnte.
Auch nicht – und erst recht nicht – für die Fälle, in denen
der Gehorsam dem braven Soldaten am Schwersten wird:
für Kämpfe gegen Landesgenossen. Bei anerzogener und
eingelebter Disziplin wird, wenn es wirklich zum Schlimm-

sten kommen sollte, die Mannschaft nicht versagen. Weniger zuverlässig ist sie, wenn ihrer Phantasie schon jahrelang die gräßlichen Bilder des Bruderkampfes vorgeschwebt haben. Ziehen doch für *jeden* Feldzug erfahrene Offiziere heutzutage solche Mannschaften vor, die noch keinen Krieg mitgemacht haben.«

(Eloquenz im Heere. In: Die Zukunft, Bd. 5, 1893, S. 451 u. 454)

Gustav T u c h vertrat die Auffassung, daß der Militarismus nicht nur volkswirtschaftlich von Nutzen sei, sondern auch eine wichtige »Kulturmission« zu erfüllen habe:

»Das Heer, die Indiensthaltung der jungen Mannschaft ist aber ein produktiver Zweck von allererster nationaler und von idealster Bedeutung. Und was die Ausgaben, die dafür gemacht werden, betrifft, so bleiben sie in der Hauptsache innerhalb des Landes; die Mittel dafür werden zwar den Einen steuerlich entzogen, den Andern aber wieder zugeführt. Also kann nur in Frage kommen, daß die Beschaffung dieser Mittel nicht den Schultern der Wirthschaftlich-Schwachen, sondern den wohlhabenderen Schichten der Bevölkerung auferlegt werde. Die scheinbare Fürsorge für die große Masse der Bevölkerung, die sich in der moralischen Beklemmung vor der großen Steigerung der Heereskosten äußert, ist demnach nichts Anderes als der Stoßseufzer des Sonderinteresses der begüterten Klassen. Hiermit soll nicht etwa gemeint sein, daß diese nicht in gutem Glauben handeln, wenn sie die Steuervermehrung als eine Volksbelastung bezeichnen. Sie sehen die Dinge eben nur von ihrem eigenthümlichen Standpunkte aus an und kommen so gar leicht dazu, das für allgemein giltig zu betrachten, was allenfalls für einen Theil zutreffend sein möchte, – für diesen aber auch nur so weit, als dabei ganz und gar die eingetauschten Vortheile übersehen werden.
Man könnte einwenden: Wenn dies zutreffend sein soll, wie kommt es, daß die Sozialdemokratie, die doch als Vertreterin der Massen sich aufspielt, hierfür Verständniß oder auch nur instinktive Empfindung nicht zeigt? Die Antwort lautet: Die Sozialdemokratie weiß von der friedlichen Ausgestaltung des Militärstaats genau so wenig wie die übrigen Parteien. Das Heer in der bestehenden Verfassung gilt ihr

als vorzüglichster Feind; sie erblickt darin die starke Waffe nicht nur im auswärtigen Kriege, sondern auch in der Aufrechterhaltung der herrschenden Staatsidee. [. . .]

In seiner geschichtlichen Entwickelung war das deutsche Heer zu einer Stufe gelangt, auf der ihm freilich noch starke Mängel anhafteten, von wo aus aber die Bahn frei war nach den höchsten Zielen, wie sie eine große Nation für ihre politischen und sozialen Einrichtungen nur erstreben kann. Es sind keine echten Freunde der Armee, die in jedem Augenblick bereit sind, zu erklären: die militärische Rüstung sei ein nothwendiges Übel; man gebe zu, daß sie am wirthschaftlichen Mark des Volkes zehre; wie gern möchte man abrüsten, wenn nur der böse Nachbar nicht wäre! Nein, – alle derartigen Erklärungen sind durch und durch unwahr! Fühlt man denn gar nicht, wie sehr man mit solcherlei Beweisführung heruntersteigt, in welche kleingeistige Stellung man Denen gegenüber geräth, die Bekämpfung und Vernichtung des ›Militarismus‹ auf ihr Panier geschrieben haben? Die allgemeine Wehrpflicht ist eine volksthümliche Institution, die freilich an ihrer Popularität dadurch Abbruch erlitt, daß sie nur sehr unvollkommen zur Ausführung gebracht wurde. Aber wenn sie dem Volke als eine schwer empfundene Last geschildert wird, die man von sich schleudern würde, wäre man nicht von Feinden umlauert, dann wird man sich nicht zu wundern brauchen, wenn die Begeisterung dafür erstürbe. [. . .]

Die Kulturmission muß einen wesentlichen, ja, geradezu gesagt, sie muß den wesentlichsten Theil der Friedensziele der Armee bilden. [. . .] Der heute erhobene Vorwurf, daß im Heere Schulbildung und berufliches Können vernachlässigt werden und zurückgehen, ist nicht ungerechtfertigt. Die Verantwortung für derartige Vernachlässigung muß den Gesetzgebern und Regirenden stark ins Gewissen gerufen werden. Mehr als das! Sie sollten bei der Stellung, die Deutschland inmitten der civilisirten Nationen einnimmt, der Pflicht eingedenk sein, allgemeine und fachliche Bildung durch die Einrichtungen des Dienstes nicht nur aufrecht zu halten, sondern zu vermehren, außerdem und vor allen Dingen aber Ethik und Idealismus zu pflegen und zu fördern. Wenn die Erweiterung des deutschen Militärstaats erstrebt wird, dann wird die allgemeine Wehr*pflicht* von

allen Theilen des Volks als Wehr*recòt* enthusiastisch gefordert werden.
[...] Das Zukunftprogramm kann gar nicht anders lauten, als: das Heer muß die in der ersten Jugend gewonnene körperliche, schulmäßige, gewerbliche, sittliche und ideale Bildung weiter leiten, vervollständigen und veredeln. Nun mögen vielleicht selbst unter Denjenigen, die hiermit sympathisiren, Manche das Bedenken hegen, die geistigen und ethischen Mittel würden für so weitgehende Zwecke nicht zur Verfügung stehen. [...] Mangelt es etwa an Unterweisenden für die Neugestaltung und Erweiterung des militärischen Dienstes? So lange man ihn auf der unteren Stufe des Hergebrachten beläßt, kann davon die Rede sein. Sobald man begreift, daß das deutsche Heer außer seiner kriegerischen, eine diese durchaus überragende, hohe sozialethische Friedensmission besitzen soll, schwindet diese Sorge vollständig. Von diesem Augenblick an können wir so viele Unteroffiziere, Subaltern-, Stabs- und Generalstabsoffiziere haben, wie wir nur gebrauchen. Denn das Reich ist völlig in der Lage, aus der großen Körperschaft vom Volksschullehrer bis zum Hochschul- und Universitäts-Dozenten alle heranzuziehen, deren es zur Mitwirkung bei seiner erwachsenen Jugend bedarf. Das Offiziercorps würde damit eine große Summe von Bildungselementen in sich aufnehmen. Wer würde wagen zu behaupten, daß dadurch Deutschland im Allgemeinen, oder dem Offizierstande im Besonderen ein Nachtheil erwüchse?«

(Tuch: Der Militärstaat. In: Die Zukunft, Bd. 3, 1893, S. 394–398)

Die Episode mit dem schwindsüchtigen Mädchen in Zuckmayers Stück wurde von der Kritik häufig als ›sentimental‹ verworfen. Eine angemessene Beurteilung wird möglich, wenn man die Szene daraufhin überprüft, inwieweit sie erkennen läßt, daß es sich bei dem kranken Mädchen nicht um ein Einzelschicksal handelt. Otto R ü h l e beschreibt in seiner engagierten, um die Jahrhundertwende entstandenen Schrift das Elend der Kinder und Jugendlichen aus den unteren Bevölkerungsschichten:

»Was unter den zermalmenden Schritten des Massenelends der frühesten Kindheit sein flackerndes Leben nicht ausge-

haucht hat, das geht später in den Schwitzhöllen der Haus-
industrie und in den Tretmühlen der Fabriken, in Schnitzer-
stuben und Werkstätten, Griffelhütten und Steinbrüchen,
beim Lastenschleppen und Treppenaufundniederjagen, auf
Viehtriften und Rübenäckern, hinter dem Klöppelsack und
der Drehbank, dem Farbennapf und der Töpferscheibe,
dem Webstuhl und der Stanzmaschine, beim Spulen, Spin-
nen, Wirken, Sticken, Häkeln und Stricken, beim Wolle-
zupfen, Fellezurichten, Federnschleißen, Korsettnähen,
Knöpfedrehen, Stroh- und Korbflechten, Posamenten-
machen, Tabakabrippen, Tonglasieren, Gipsmahlen, Steine-
klopfen, Rübenziehen, Torfgraben usw. allmählich, stück-
weise, aber mit unfehlbarer Sicherheit zugrunde. Die
schwache Brust, die hüstelnde Lunge, der sieche, blutarme,
verkrüppelte Körper sind die Erbteile der Not, des Hun-
gers und der Arbeitsqual, denen der Mensch auf seinem
Leidenswege endlich erliegt; in langsamer Würgearbeit dros-
seln des Elends tausendfingrige Hände das junge Leben
ab. [...]
Blasse Gesichtsfarbe, Bleichsucht, Engbrüstigkeit, Brustlei-
den, Kurzsichtigkeit, Verkrümmung des Rückgrates, Schief-
wuchs, verkrüppelte Beine usw. – das sind die unverwisch-
baren Zeichen und Male, mit denen die bedauernswerten
Opfer kapitalistischer Profitgier von Jugend auf gezeichnet
sind. Die Lehrer berichten, ›daß die Mädchen schief werden
und die Knaben in der Schule nicht sitzen können‹. In
Greiz fielen die erwerbstätigen Knaben durch bleiches und
kränkliches Aussehen auf, waren engbrüstig, hatten krum-
me Rücken, litten an den Augen, büßten an geistiger Frische
und Spannkraft ein, wurden stumpf und interesselos. Zahl-
lose Berichte weisen darauf hin, ›daß sich die Folgen der
übermäßigen Ausnutzung der Jugendkraft im späteren Leben durch vorzeitigen Eintritt körperlicher Schwäche und
Erwerbsunfähigkeit geltend macht‹. In Baden beobachtete
man, daß Kinder infolge zu langen Stehens lahm wurden;
einem dieser unglücklichen Wesen mußte ein Bein abgenom-
men werden. Von Kindern, die in Ziegeleien arbeiteten,
wurde berichtet: Wer zwei Jahre Steine abgetragen hat, ist
im Leben zu nichts mehr zu gebrauchen. In Textilgebieten
fällt allgemein die abnorm große Zahl verkrüppelter Personen auf. Von Hütejungen teilte Sanitätsrat Dr. Hey-
nacher in Graudenz mit, daß sie sich, durch ihre elende

körperliche Entwicklung von anderen Kindern auffallend
unterschieden.

Mit der körperlichen Schädigung geht Hand in Hand die
geistige und *sittliche*. Kinder, die müde, abgespannt, nach
unzureichender Ruhepause, vielleicht schon nach Leistung
mehr oder weniger großer physischer Arbeit zur Schule
kommen, sind unfähig, dem Unterricht zu folgen, darge-
botene Lehrstoffe geistig aufzunehmen und zu verdauen,
intellektuell überhaupt nennenswerte Fortschritte zu machen. In den *Schulresultaten* spiegelt sich denn auch der
verhängnisvolle Einfluß der Erwerbsarbeit auf die geistige
Entwicklung der Kinder nur allzudeutlich wider. In Berlin
wurden 1902 aus der vierten Schulklasse entlassen
1713 Mädchen und 1588 Knaben, aus der fünften
764 Mädchen und 750 Knaben, aus der sechsten 170 Mädchen und 183 Knaben und aus der siebenten 7 Mädchen
und 14 Knaben. Sie waren zum großen Teil von Kindesbei-
nen an Lohnsklaven; übermäßige Arbeit im frühen Kindes-
alter hatte ihre geistige Kraft versiegen lassen. In Hannover
wurde festgestellt, daß fast die Hälfte der erwerbstätigen
Schüler unternormal war. In Charlottenburg ließ sich in
488 Fällen, in Barmen in 1465 Fällen eine direkte Schädigung der Kinderarbeit für die Geistesentwicklung nachwei-
sen. Von Mühlhausen wurde berichtet, daß ›21 Kinder beinahe blödsinnig seien‹, 27 Kinder stumpfsinnig; von
Schmölln, daß 100 Erwerbstätige nur mittelmäßig fleißig,
19 ›notorisch faul‹, 137 wenig aufmerksam, 20 ganz unaufmerksam seien. Ungezählte andere Berichte lauteten
ähnlich. Direktor Tippmann-Chemnitz schreibt: Daß die
früh vor dem Unterrichte Beschäftigten oft in letzter Mi-
nute erst zur Schule kommen, daß sie nicht selten zu spät,
mitunter auch gar nicht erscheinen, ferner ihre Schulsachen
oft nicht in Ordnung haben, ist eine altbekannte Tatsache.
Was lesen wir hierüber in den Listen? ›keine Zeit zur Lösung der Hausaufgaben‹, ›Schularbeiten oft nicht gefertigt‹,
›Schularbeiten häufig schlecht gefertigt‹, ›flüchtig gearbeitet‹, ›Hausfleiß ganz mangelhaft‹, ›memoriert schlecht‹,
usw. Und wie steht es um die Anteilnahme am Unterricht?
Die Urteile der Klassenlehrer lauten in überaus zahlreichen
Fällen: ›unaufmerksam‹, ›sehr zerstreut‹, ›zerfahren‹, ›teil-
nahmslos‹, ›nachlässig‹, ›träge‹, ›matt‹, ›tot‹, ›muß ange-
trieben werden‹, ›abgearbeitet‹, ›abgespannt‹, ›sehr abge-

spannt‹, ›furchtbar abgetrieben‹, ›schläft oft ein‹, ›ver-
schlafen‹, ›trotz hoher Befähigung infolge Abspannung oft
nicht imstande, dem Unterricht zu folgen‹.«

(Rühle: Kinder-Elend. Proletarische Gegen-
wartsbilder. München: Birk [1906]. S. 21 u.
27–29)

Der Historiker Hans-Ulrich W e h l e r (geb. 1931) analysiert das politische System des Kaiserreichs:

»Will man vielmehr den Herrschaftstypus des Reichs real-
historisch charakterisieren, so muß man zunächst die beiden
Phasen von 1871 bis 1890 bzw. von 1890 bis 1918 unterscheiden und dann im Hinblick auf die erste Zeitspanne
1. sowohl der zentralen Rolle Bismarcks als auch 2. der
sozialen Funktion der weithin von ihm verkörperten Herrschaft gerecht werden. [...]
Will man die Problematik [...] zuspitzen, [...] so könnte
man es bis 1890 am ehesten als ein plebiszitär gekräftigtes,
bonapartistisches Diktatorialregime im Gehäuse einer die
traditionellen Eliten begünstigenden, aber rapider Industria-
lisierung und mit ihr partieller Modernisierung unterworfe-
nen, halbabsolutistischen und pseudokonstitutionellen, von
Bürgertum und Bürokratie teilweise mitbeeinflußten Militärmonarchie kennzeichnen. Damit wäre sowohl Bismarcks
Position an der Spitze der informellen Machtpyramide als
auch der sozialkonservativen Funktion bonapartistischer
Herrschaft Rechnung getragen. [...]

Die permanente Staatskrise seit 1890: Autoritäre Polykratie
ohne Koordination

Fortab fehlte der preußisch-deutschen Machtpyramide ihre
Spitze, oder anders ausgedrückt: Die auf Bismarcks Fähigkeiten zugeschnittene Verfassung, das auf ihn eingespielte
Verfassungsleben entbehrte eines Koordinationszentrums.
Realiter und atmosphärisch entstand damit ein Machtvakuum, das unterschiedliche Persönlichkeiten und Kräfte
auszufüllen versuchten. Da das weder ihnen noch dem
Parlament auf die Dauer gelang, herrschte in Deutschland
hinter der Attrappe eines hochfahrenden Regiments eine
permanente Staatskrise, die zu einer Polykratie rivalisieren-
der Machtzentren führte. Dieses System verursachte auch
den Zickzack-Kurs, den die deutsche Politik seither so oft

steuerte. Zuerst versucht der junge Monarch, Kaiser und Kanzler gleichzeitig zu sein, ein zumindest formell elliptisches System durch einen ›populären Absolutismus‹, wie Bismarck spottete*, zu ersetzen. Dieses Experiment stellte den Anlauf zur Erringung eines ›persönlichen Regiments‹ dar. Dazu ist es jedoch weder verfassungsrechtlich gekommen, noch gelang es Wilhelm II., die Verfassungsrealität dauerhaft zu verändern – wie immer auch die byzantinistischen Sprachspiele seiner Beraterclique den Entscheidungsprozeß mit der Illusion kaiserlicher Entscheidungsgewalt umgeben mochten. Sowohl von den persönlichen Fähigkeiten als auch von den institutionellen Anforderungen her, die die Reichspolitik mit militärischer Kommandogewalt und Repräsentation zu verbinden geboten, war der letzte Hohenzollernkaiser außerstande, monokratisch das Reich zu regieren. Noch ehe das neue Jahrhundert begann, war er im Grunde mit diesem anachronistischen Spiel gescheitert. Freilich blieb sein überspannter Anspruch weiter bestehen, immer wieder überschritt er seine verfassungsmäßig gesetzten Grenzen, nutzte er andererseits den rechtlich sanktionierten Vorbehalt zugunsten der Exekutive einer konstitutionellen Monarchie aus, unterstrich er mit pathetischer Rhetorik seine bizarre Auffassung vom Kaiseramt, ehe der Weltkrieg vollends enthüllte, daß er dem Schwergewicht der Macht nach nur die Rolle eines ›Schattenkaisers‹ (H. Delbrück) spielte.

Die Reichskanzler andererseits – ausnahmslos auf dem Wege der ›Ochsentour‹ eines Aufstiegs in der bürokratisch-diplomatischen Hierarchie hochgekommen, was Bismarck für ganz so schädlich gehalten hatte, wie es Max Weber für verhängnisvoll hielt –, die Reichskanzler konnten alle ebensowenig das Machtvakuum voll ausfüllen. Der honorige, lange unterschätzte Caprivi zerstörte sogar mangels Machtinstinkt einen Gutteil der institutionellen Plattform, auf der sich bisher der Reichskanzler bewegt hatte. Immerhin jagte die kurzlebige ›Ära Caprivi‹, während der vor allem durch eine industriefreundliche Außenhandelspolitik eine Anpassung an die Bedürfnisse des Industriestaats versucht wurde und zeitweilig auch die notwendige politische Unterstützung fand, den agrarischen Konservativen wegen

* O. v. Bismarck, Gesammelte Werke, 1924–35, Bd. 15, S. 640.

der gegen sie gerichteten und fühlbar gewordenen Machtkonstellationen einen solchen Schreck ein, daß sie den
Kanzler stürzten, und ihr Verhalten in den folgenden Jahren wurde durch die gefahrdrohenden Erfahrungen von
1890 bis 94 fraglos tief geprägt. Danach blieb der greise
Hohenlohe-Schillingsfürst Gallionsfigur einer Übergangszeit. Bülow sollte zwar Wilhelms ›Bismarck werden‹, verkörperte aber nur den geschmeidigen Manipulator. Bethmann Hollweg als Prototyp des gebildeten, fleißigen, konfliktscheuen Bürokraten scheiterte mit seiner ›Politik der
Diagonalen‹: der Verwaltung von Problemen durch die
kaiserliche Beamtenregierung in einem System, das auch
auf diese Weise gar nicht mehr wirklich regiert werden
konnte. Michaelis-Hertling-Baden: blasse Figuren auf einer
Bühne, die seit 1916 von der Militärdiktatur der 3. Obersten Heeresleitung beherrscht wurde. Nur mehr punktuell
konnten die Kanzler koordinieren, Bruchteile von dem erreichen, was die klassische Lehre von der Politik seit jeher
als Gemeinwohl bezeichnet hat.

Neben ihnen aber gab es geheime Schlüsselfiguren, wie den
Admiral v. Tirpitz, der mit dem Schlachtflottenbau die
Innen- und Außenpolitik, die Sozial-, Finanz- und Militärpolitik grundlegend beeinflußte. Wahrscheinlich stellte er
von 1898 bis zur grellen Desillusionierung spätestens im
Sommer 1914, als seine gesamte Konzeption Schiffbruch
erlitt, eine größere Entscheidungspotenz dar als die drei
Reichskanzler dieser Zeit. Zeitweilig drang der Staatssekretär des Reichsmarineamts weit in das Vakuum der Berliner
Politik vor. Schlüsselfiguren der wilhelminischen Machtelite wurden auch – ungleich stärker noch als vor 1887/90 –
die Geschäftsführer der großen Interessenverbände, die
Leiter der Agitationsvereine, die Planer des Generalstabs.
Vor allem wurden die Verbände selber neben der preußischen Bürokratie und den Reichsbehörden, neben Heer und
Flotte zu Machtzentren, von denen die Entscheidungen der
Reichspolitik weithin festgelegt wurden. Unter der äußeren
Erscheinung der konstitutionellen Monarchie, die mit soviel
Selbstbewußtsein als überlegene deutsche Staatsform mit
dem parlamentarischen England und dem republikanischen
Frankreich verglichen wurde, verbarg sich ein hohes Maß
an Entscheidungsschwäche und Koordinationsunfähigkeit
der Zentrale. Zugrunde aber lag allen wichtigen Problemen

der Reichspolitik das prinzipielle Dilemma, daß die Spannung zwischen der voraneilenden ökonomischen und sozialen Entwicklung zur Industriegesellschaft auf der einen Seite und der überkommenen starren politischen Struktur auf der anderen Seite nicht überwunden werden konnte und sollte. Das entscheidende Hemmnis bildete auch hier das Wirtschafts- und Herrschaftsinteresse der kleinen traditionellen Führungseliten, die an der Erhaltung dieses Zustandes brennend interessiert blieben, während die bürgerlichen Interessen sich auch und erst recht in einem parlamentarisierten Reich zur Geltung hätten bringen lassen. Angesichts dieses in Frieden offenbar unaufhebbaren Gegensatzes im Inneren, den die vorindustrielle der herrschenden Klassen bis 1918 erhalten konnte, ließ sich das Reich an eine zeitgemäße politische Anpassung an die veränderten gesellschaftlichen Verhältnisse nicht heranführen, sondern nur durch kurzlebige Kompromisse der konkurrierenden Machtzentren in eine zunehmende Erstarrung hineinmanövrieren. Dieses Kräfteparallelogramm erhielt ein nach wie vor unbewegliches konservatives System, das sich angesichts der schleichenden Liberalisierungstendenzen, d. h. des wachsenden Gegengewichts der parlamentarisch-demokratischen Kräfte verhärtete, aber die ›Bewegungspartei gegen ... Erhaltung und Konsolidierung‹ – wie Bismarck sich ganz im Stil Metternichscher Defensivpolitik ausgedrückt hatte[*] – in einem Bannkreis der Ohnmacht festzuhalten vermochte. Der Wilhelminismus, der ebenso oft wie unzutreffend für die Signatur dieser Ära gehalten wird, stellte im Grunde nur eine wirksame Verschleierung für dieses Zusammenspiel von Verbänden und quasiautonomen Institutionen, Bürokratien und formell unverantwortlichen Politikern dar. Er kann als der ›teils bewußt, teils unbewußt unternommene Versuch‹ angesehen werden, ›die Widersprüche zwischen politischer Struktur und gesellschaftlicher Entwicklung durch eine personale, symbolische Zuspitzung des konstitutionellen Machtgefühls zu lösen‹: ›Der nationale Imperator als Integrationsfaktor‹. Aber dieser Traum ›vom deutschen Cäsar, der die Klassengegensätze mit eiserner Faust niederhielt und der verspäteten Nation

---

[*] Bismarck an Wilhelm I., Okt. 1879, Nachlaß Bismarck, 13. Schloß Friedrichsruh; dazu H. Pachnicke, Führende Männer im alten u. im neuen Reich. Berlin 1930, 63.

den ‚Platz an der Sonne‘ versprach‹, kreiste in Wirklichkeit um eine schwächliche Figur auf tönernem Podest.* Nicht Wilhelm II. drückte der Reichspolitik seiner Zeit den Stempel auf, sondern die traditionellen Oligarchien taten das im Verein mit den anonymen Kräften der autoritären Polykratie. Ihre Macht reichte auch ohne einen Halbdiktator, aber mit Hilfe einer bonapartistischen Strategie zur Verteidigung der Herrschaftsposition aus – mit wie fatalen Folgen auch immer.«

(Wehler: Das Deutsche Kaiserreich 1871 bis 1918. Göttingen: Vandenhoeck & Ruprecht ²1975. Deutsche Geschichte, hrsg. von Joachim Leuschner, Bd. 9. S. 63, 67, 69–72)

Der Historiker Golo M a n n (1909–94) über den Zeitgeist der wilhelminischen Epoche:

»Geist und Staat lebten getrennt voneinander. Beide lebten auf ihre Weise, aber kannten sich nicht. Das Falscheste entstand neben dem Richtigen und Wahren. Die Feldherrngemälde, billige Prunkstücke, wie der Kaiser sie liebte, konnten die kraftvolle Malerei der Impressionisten, Max Liebermanns, Slevogts, nicht vertreiben. Gerhart Hauptmanns Dramen, Protest – und Wahrheit – und Mitleid – schwere Naturgedichte, eroberten die freien Bühnen, auch wenn die Hoftheater sich ihnen verschlossen. Dasselbe Bürgertum, das sich an flauen, schönfärberischen Unterhaltungsromanen weidete, las wohl auch Thomas Manns ›Buddenbrooks‹ – Produkt einer reifen, an der Weltliteratur, den russischen, skandinavischen, englischen, französischen Erzählern gebildeten bürgerlichen Kunst. In der Nähe des Hofes zu Potsdam gab es schlechte Dichter, Epigonen der Epigonen; in weiter Entfernung davon fügten die Liliencron und Dehmel, etwas später die Ricarda Huch und Hugo von Hofmannsthal dem ewigen Vorrat deutscher Poesie noch einmal die Gedanken, die echten Klänge, die wohltuenden, ordnunggebenden Reime ihrer Seele hinzu . . . Es war eine glänzende, freie Zeit für Kunst und Künstlertum; für Essays, Kritik, Experiment; für den Spott. Auch für den Spott. Nie ist ein Machthaber witziger verspottet worden als der deutsche Kaiser im Münchener ›Simplizissi-

* M. Stürmer, Einleitung, in: ders. Hg., Das Kaiserliche Deutschland, 20 f.

mus‹, im Bänkelsang von Frank Wedekind, nie treffender,
heiterer, sorgloser. Ja, die Kaiserzeit, die so schwer an Sorgen war wie alle Zeiten, in der das Bürgertum die Sozialdemokraten haßte, in der die Landwirte um ihre Preise, die
Industriellen um ihre Märkte bangten, in der die diploma-
tischen Krisen nicht abrissen, das Reden vom kommenden
Krieg nicht verstummte – die Kaiserzeit war auch eine
harmlose und sorglose Zeit. Im Rückblick wirkt sie so; jene,
die sie erlebten, haben sich später mit Wehmut an sie erinnert. Das machte die allgemeine Wohlhabenheit und daß
die Stützen des Staates, der Ordnung und Gesittung ziemlich fest schienen. Die im Reiche des Geistes wohnten, fanden das Treiben des Kaisers zu komisch oder ekelhaft, um
es sehr ernst zu nehmen. Auch die Bemühungen der politischen Parteien, bürokratischer, geistloser Organisationen,
ließen sie gleichgültig. Es war bisher gegangen. Es würde
irgendwie weitergehen.«

> (Mann: Deutsche Geschichte des neunzehnten und
> zwanzigsten Jahrhunderts. [Frankfurt a. M.:]
> S. Fischer 1958. S. 538 f.)

Golo M a n n ist geneigt, die Fehler Wilhelms II. aus der
ihm gestellten Aufgabe und aus seiner Umgebung zu erklären:

»Er war kein böser Mensch. Er wollte geliebt werden, nicht
Leid verursachen. Zu blutrünstigen Reden konnte er sich
verirren; blutiges Handeln lag ihm gar nicht. Überhaupt
das Handeln nicht. Er war faul und vergnügungssüchtig.
Feste feiern, reisen, sich den Leuten zeigen, hoch zu Roß
seine Garden zum Manöversturme führen, mit Seinesglei-
chen bei fürstlichen Banketten Toaste wechseln, in der Hof-
loge sitzen, angetan wie ein Pfau, mit den Blicken ins
Publikum, Schnurrbart streichend, huldvoll strahlend, das
war seine Art. Und so hätte er es gern bis ans Ende seiner
Tage getrieben: ein ewiges, goldenes, militärisches, fried-
liches Schauspiel das öffentliche Leben, in der Mittel-
punkt. Er war ein guter Schauspieler. Die flüchtig mit ihm
in Berührung kamen, die bezauberte er; nicht deutsche Pro-
fessoren nur, auch amerikanische Millionäre, englische
Staatsmänner sogar (Sir Winston Churchill unter ihnen). Er
besaß eine schnelle Auffassungsgabe, ein gutes Gedächtnis,
eine besser als mittelmäßige Intelligenz. Selbst königliche

Würde konnte er zeigen; wie man denn sagen muß, daß er das lange Exil nach seiner Abdankung nicht ohne Würde verbracht hat. Sein Humor freilich war taktlos (›Taktlosigkeit ist männlich‹, meinte entschuldigend einer seiner Freunde); die Stimme schnarrend, das Lachen unangenehm; seine Augen wichen aus, wenn man ihn fixierte. Die ihn näher kannten, wußten, wieviel mit ihm nicht stimmte, wie sehr er belastet war durch frühe Erfahrungen in der Familie, Überwertigkeits- und Unterwertigkeitsgefühle, Größenwahnsinn, Depressionen. Das Ungesunde seines Wesens teilte sich seinem Umkreise mit; etwas Übermännlich-Unmännliches, Überhitztes, Sentimentales, Gespreiztes. Nie, bis dahin, hatte es einen so unecht zusammengesetzten Königsstil gegeben; die Verbindung von preußischem Militär, von romantischer Phantasterei, feudalem, barockem Kostümgepränge und nur allzu zeitgemäßem Geldprotzentum ... Diesem jungen Mann, der die Welt nicht kannte und dem man jede Gelegenheit, sie kennenzulernen, sorgfältig nahm, dessen Bildung dem Potsdamer Offizierskasino entstammte, der nie auch nur den staatsrechtlichen Charakter der eigenen Stellung ernsthaft studiert hatte, war nun, wie der Ausdruck lautet, ›das Schicksal des deutschen Volkes anvertraut‹. Das bleibt das Schlimmste, was gegen Bismarcks Werk gesagt werden kann. Erfährt man aus den Dokumenten, wie der Kaiser das Regieren verstand, liest man die Randbemerkungen, mit denen er die Berichte seiner Diplomaten zu versehen liebte, so kann man sich noch heute, nach so langer Zeit, des Mitleids nicht erwehren.«

(Mann: Deutsche Geschichte des neunzehnten und zwanzigsten Jahrhunderts. [Frankfurt a. M.:] S. Fischer 1958. S. 487 f.)

Die amerikanische Historikerin Barbara W. Tuchman (1912–89) faßt zusammen, was mit dem Begriff ›Sedan‹ in der deutschen und der französischen Politik verbunden wurde:

»Die Erinnerung an Sedan lag wie ein ständiger dunkler Schatten über dem Bewußtsein der Franzosen. ›N'en parlez jamais; pensez-y toujours‹ (Niemals davon sprechen, immer daran denken), hatte Gambetta geraten. Über vierzig Jahre lang war der Gedanke der Revanche der einzige grundlegende Faktor der französischen Politik. [...]

Für Deutschland bedeutete 1870/71 noch nicht die Erfüllung aller seiner Wünsche. Der deutsche Tag in Europa, dessen Dämmerung man zu sehen glaubte, als das Deutsche Reich im Spiegelsaal von Versailles proklamiert wurde, ließ noch immer auf sich warten. Frankreich war nicht zerschmettert; es dehnte sich vielmehr in Nordafrika und Indochina aus. Die Welt der Kunst, der Schönheit und der Mode opferte noch immer auf den Altären von Paris. An den Deutschen fraß der Neid auf das Land, das sie besiegt hatten. ›Leben wie Gott in Frankreich‹ war eine Redensart in Deutschland. Gleichzeitig hielt man Frankreich für dekadent in seiner Kultur und für geschwächt durch seine Demokratie. ›Ein Land, das in dreiundvierzig Jahren zweiundvierzig Kriegsminister gehabt hat, kann unmöglich im Krieg etwas erreichen‹, verkündete Hans Delbrück, Deutschlands führender Historiker. Da die Deutschen sich an Gemüt, Stärke, Energie, Fleiß und nationaler Tüchtigkeit überlegen glaubten, waren sie überzeugt, daß sie die Herrschaft in Europa verdienten. Das Werk von Sedan mußte vollendet werden.«

(Tuchman: August 1914. Hamburg: Deutscher Bücherbund [1967]. S. 43 u. 45. Mit Genehmigung von Mohrbooks Zürich)

Der englische Historiker Edgar Joseph F e u c h t w a n - g e r (geb. 1924) untersucht das problematische Verhältnis des preußischen Militärs zum Staat und den parlamentarischen Instanzen:

»Die politische und zum größten Teil auch finanzielle Ausnahmestellung der Militärbehörden, vor allem des Generalstabs, war ein weiteres unglückliches Vermächtnis Preußens an das Reich. Im alten preußischen Staat galt die unmittelbare Verantwortlichkeit der höchsten Offiziere und Militärbehörden gegenüber dem König als selbstverständlich. Tatsächlich besaß kein Hohenzollernherrscher nach Friedrich dem Großen mehr die Fähigkeit, diese Kontrolle des Militärs mit einiger Konsequenz durchzuführen, aber solange die königliche Macht absolut blieb, ergaben sich keine Verfassungsschwierigkeiten. Die Stellung des Heeres und die Frage seiner parlamentarischen Überwachung wurden politisch in dem Augenblick problematisch, als Preußen versuchte, sich zu einem Verfassungsstaat zu entwickeln. Bis-

marck löste den Konflikt, indem er das Heer frei von jeder
parlamentarischen Einmischung sich selbst überließ und nur
begrenzte Budgetkontrolle durch das Parlament erlaubte.
Er hatte 1866 und 1870, als er nur mit größter Mühe die
Zügel der hohen Politik in der Hand halten konnte, die
Macht der militärischen ›Halbgötter‹ am eigenen Leibe ver-
spürt. Nach 1870 kämpfte er für das Heer im Reichstag um
das Militärbudget, ein Kampf, der bis 1914 immer wieder
aufflammte. Andererseits gelang es Bismarck, die Außenpolitik fest unter seiner Kontrolle zu halten, während es
seine Nachfolger viel schwieriger fanden, den Einfluß des
Militärs auf auswärtige Angelegenheiten zu verhindern. Das
System, nach dem die Militärattachés in den verschiedenen
Hauptstädten direkt an den Generalstab Meldung machten,
bereitete sogar Bismarck ziemlichen Verdruß. So blieben
das Heer ein Staat im Staate, der Generalstab und das
kaiserliche Militärkabinett wichtige Machtzentren, unab-
hängig nicht nur vom Reichstag, sondern auch von den
politischen Machthabern. Legte der preußische Kriegsminister, der außer dem bayrischen Kontingent die gesamte
deutsche Armee befehligte, irgendein Zeichen von Unab-
hängigkeit an den Tag, intrigierte der Generalstab sofort
gegen ihn – tanzte er nach seiner Pfeife, mußte er im Reichstag für das Heer am Pranger stehen. Man könnte behaupten, das sei in Preußen schon immer so gewesen, aber die
Verhältnisse in der alten preußischen Militärmonarchie
unterschieden sich völlig von denen im industrialisierten,
dichtbevölkerten neuen Reich. So war es eine verhängnisvolle Tatsache, daß das Reich einige der lobenswerten
Eigenschaften des alten preußischen Staates entwertete,
während andere preußische Wesenszüge nach dem Auf-
gehen Preußens in Deutschland eine Metamorphose erlebten, durch die sie häufig entstellt wurden.«

> (Feuchtwanger: Preußen. Mythos und Reali-
> tät. Aus dem Englischen von Regina Pugmire.
> Frankfurt a. M.: Akademische Verlagsgesell-
> schaft Athenaion 1972. S. 235 f.)

Hans-Ulrich W e h l e r zum Begriff des ›Militarismus‹:

»Daß Militarismus im eigentlichen Sinne dort herrsche, ›wo
der Primat der politischen Führung über die militärische,
des politischen Denkens über das Soldatische in Frage ge-

stellt ist‹ (Ritter*), hat man seit langem als eine viel zu enge Definition kritisiert, und dieser Kritik wird man namentlich im Hinblick auf die preußisch-deutsche Geschichte zustimmen müssen. Denn hier liegt das zentrale Problem in der Militarisierung maßgeblicher Gruppen der Gesamtgesellschaft, nicht aber darin, daß – wie auch anderswo feststellbar ist – die politische Entscheidung zeitweilig vom militärischen Denken überwuchert wurde. Erst von diesem sozialen Militarismus her, demzufolge das Militär nicht nur an die Spitze der Prestigeskala rückte, sondern mit seinen Wert- und Ehrvorstellungen, seinen Denk- und Verhaltensweisen die ganze Gesellschaft durchdrang, kann man die eigentümliche Sonderstellung des Soldaten in der neueren deutschen Geschichte bis 1945 begreifen. Sozial- und verfassungsgeschichtlich wurde hierfür die preußische Entwicklung im 18. Jahrhundert entscheidend, durch die der Gutsherr zum Kompaniechef wurde und zugleich als Richter, oft genug auch als Unternehmer für die Landbevölkerung in allen Lebensbereichen Herrschaft schlechthin verkörperte. Die sog. Kompaniewirtschaft verfilzte sich aufs engste mit der Gutsherrschaft, als Inste und als Rekrut sah sich der Abhängige derselben Obrigkeit gegenüber. Auch die Reformen und die allgemeine Wehrpflicht lösten diesen Nexus auf dem Lande nicht auf, jedenfalls stellte der machtgewohnte Grundadel weiter die militärische Führungsschicht, unter der auch die Städter zu ›dienen‹ hatten. Nach den Kraftproben von 1848 und 1862 besiegelte der Erfolg bis 1871 die Privilegienhierarchie, von deren Gipfel aus das Militär seinen Einfluß ausübte. Wenn sogar ein Historiker wie Gerhard Ritter als Folge von 1866/71 einen gesamteuropäischen Militarisierungsprozeß anerkannte,** so muß man angesichts der historischen Traditionen außer der Aufrüstung noch besonders massive Auswirkungen annehmen. Diese gab es in der Tat, man kann sie an aufschlußreichen Äußerlichkeiten ablesen: Alle deutschen Reichskanzler trugen im Reichstag Uniform; an der königlichen Tafel nahm der Reichskanzler Bethmann Hollweg als Major unterhalb der Obersten und Generäle Platz; der tüchtige preußische Finanzminister v. Scholz hielt es für den

* G. Ritter, Staatskunst u. Kriegshandwerk. I, München 1954, 32.
** Ebda. II, 1960, 115.

glücklichsten Augenblick seines Lebens, als er die Uniform
eines Vizefeldwebels, zu dem er es als Bürgerlicher nur gebracht hatte, kraft königlicher Huld mit der eines Leut-
nants vertauschen konnte.«

(Wehler: Das Deutsche Kaiserreich 1871 bis
1918. Göttingen: Vandenhoeck & Ruprecht
²1975. Deutsche Geschichte, hrsg. von Joachim Leuschner, Bd. 9. S. 158 f.)

IX. Texte zur Diskussion

Der bürgerliche Dramatiker und Erzähler Arthur
S c h n i t z l e r über die Möglichkeit, einen dauernden Frieden herzustellen:

»So lange der Krieg als eine Möglichkeit überhaupt in Betracht kommt, d. h. also, so lange es Berufszweige gibt, die
auf die Möglichkeit eines Krieges gestellt sind, ferner so
lange es auch nur einen Menschen gibt, der durch den
Krieg seinen Reichtum vergrößern oder solchen erwerben
kann und der zu gleicher Zeit die Macht hat oder den Einfluß, einen Krieg herbeizuführen, genau so lange wird es
Kriege geben. Und hier ist die Frage des Weltfriedens an-
zupacken, nirgends anders. Weder in religiösen, noch in
philosophischen, noch in ethischen Motiven. Diese spielen
absolut keine Rolle. Weder die Vernunft, noch das Mitleid,
noch die Ehre dürfen wir mit der geringsten Aussicht auf
Erfolg anrufen. Es handelt sich ausschließlich darum, die
Ordnung der Welt so umzugestalten, daß kein Mensch,
auch nicht ein einziger, weder in Freundes- noch in Feindes-
land, die geringste Aussicht hat, seine persönlichen Verhältnisse durch einen Krieg zu verbessern. Unmöglich? So
lange das unmöglich ist, hat die Friedensbewegung nicht die
entfernteste Aussicht auf Erfolg.«

(Schnitzler: Aphorismen und Betrachtun-
gen. Hrsg. von Robert O. Weiss. Frankfurt a. M.: S. Fischer 1967. Gesammelte
Werke in Einzelausgaben. S. 226)

1923 macht sich Georg L u k á c s (1885–1971), marxisti-
scher Philosoph und Literaturtheoretiker, in einer Bespre-
chung der Buchausgabe des Dramas »Die letzten Tage der
Menschheit« von Karl Kraus Gedanken darüber, wer das
Recht habe, Pazifist zu sein:

»Es wäre Blindheit, nicht zu sehen, daß die Bourgeoisie der
ganzen Welt sich auf den kommenden Weltkrieg vorbereitet. Neben den ökonomischen, technischen usw. Vorberei-
tungen spielt dabei die *ideologische* Vorbereitung eine wichtige Rolle. Denn 1918 war die Stimmung der Massen allgemein so, als ob man sie nie wieder zu einem Kriege hätte
mobilisieren können. Die Organisationsformen des inter-

nationalen Faschismus bedeuten zwar – neben ihrer Funktion im Bürgerkrieg gegen das Proletariat – die Schaffung eines Kerns für ein imperialistisches Heer. Jedoch die Zeiten sind vorbei, wo, wie im Absolutismus des 17. und 18. Jahrhunderts, durch Söldnertruppen ein Krieg geführt werden könnte, dem die großen Massen der Bevölkerung gleichgültig, ja übelwollend gegenüber gestanden sind. Einerlei, was die militärisch-organisatorische Funktion der breiten Massen im kommenden Kriege sein wird, sie müssen jetzt schon ideologisch bearbeitet werden.
Hiezu ist eines der wirksamsten Mittel: den vergangenen Krieg in Vergessenheit zu versenken. Ich meine dabei weniger das geschichtliche Lügengewebe, das über seine Ursachen usw. verbreitet wird, als die Bemühung, die Art, wie er geführt wurde, die Klasse, *für die* man kämpfen mußte, die Schrecken seines Mechanismus aus dem Bewußtsein der Menschen zu vertilgen. Gegen diese Kampagne, die von den herrschenden Klassen mit glücklichem Klasseninstinkt geführt wird, ist der abstrakte Pazifismus vollständig machtlos. Abgesehen von den Waffen, die die Lehren der Frieden von Brest-Litowsk, Versailles usw. über den Unterschied zwischen pazifistischen Worten und Taten (Selbstbestimmungsrecht der Völker) in die Hände der Kriegshetzer gespielt haben, kann ein ideologischer Kampf gegen den Krieg *überhaupt* niemals wirksam sein. Nur sentimentale Literaten sind außerstande, ein Ziel vor sich zu sehen, das nicht *eines jeden Opfers* (auch des Krieges) wert wäre. Solange eine Klasse sozial lebensfähig ist, werden seine Mitglieder – wenn sie auch einzeln ihre eigenen Personen mehr oder weniger zu retten versuchen – die Lebenszwecke der Klasse stets höher einschätzen, als die Existenz der einzelnen Klassenangehörigen, um von denen der anderen Klassen oder Nationen ganz zu schweigen.«

(Lukács: Eine Kampfschrift gegen den Krieg der Bourgeoisie. In: Die Rote Fahne Nr. 75, 30. 3. 1923. Wiederabgedruckt in: G. L., Organisation und Illusion – Politische Aufsätze III. Darmstadt: Luchterhand 1977)

Auch nach seiner Abdankung hielt W i l h e l m II. an seiner Vorstellung von Gottesgnadentum fest; im parlamentarischen System sah er eine Quelle politischer Schwäche:

»Mein Großvater konnte persönlich zurücktreten. Seine historischen Leistungen verknüpften ihn mit der Generation, die das Einigungswerk vollbracht hatte. Aber zur Zeit meines Regierungsantrittes war die nationale Energie, die in den Männern der sechziger und siebziger Jahre so kraftvoll pulsierte, im Schwinden. Erwerb und Genuß wurden mehr und mehr Triebfedern des neuen Geschlechtes.

Eine Erziehungsaufgabe lag vor mir, die nur durch das volle Eintreten meiner Persönlichkeit gelöst werden konnte. Die dem Deutschen angeborene Veranlagung zur Kritik hat mir die Erfüllung dieser Aufgabe unendlich erschwert, aber das mir durch meine Monarchenpflicht gesetzte Ziel nie verschoben. [...]

Meiner inneren Überzeugung nach ist der Monarch ebenso wie jeder andere Mensch auf Erden ein Werkzeug Gottes. In dem Pflichtenkreis, in den ihn das Schicksal hineingestellt hat, muß er sich mit allen Kräften nach bestem Wissen und Gewissen auswirken. [...] Das Gottesgnadentum hat für mich die Bedeutung einer Gottverbundenheit in Pflichterfüllung. Dabei hat mir der Gedanke einer göttlichen Erleuchtung und einer Bevorrechtung ganz ferngelegen. Was ich für mich in meinem übermenschlich schweren Pflichtenkreis in Anspruch nahm, das habe ich jedem Staatsbürger für das Gebiet seiner Lebensaufgaben zugestanden. [...]

Dagegen bin ich nicht verantwortlich für die Schädigung, die der staatlichen Führung aus der Zerfahrenheit der parlamentarischen Zustände erwachsen ist. Das Parteileben bei uns hat nicht vermocht, sich nach rein nationalen Gesichtspunkten zu orientieren. Es klebte auf der einen Seite an alten, durch die Entwicklung des Reiches längst überlebten Parteidoktrinen und verquickte sich auf der anderen Seite mit ganz einseitigen Wirtschaftsinteressen. Unter solchen Umständen konnte es weder seiner gesetzgeberischen noch seiner volkserziehenden Aufgabe gerecht werden. Man spricht immer nur vom Versagen der Regierung, niemals aber von der Sterilität der Volksvertretungen.«

(Alfred Niemann: Wanderungen mit Kaiser
Wilhelm II. Leipzig: Koehler 1924. S. 36 f.)

Was der abgedankte Kaiser gesprächsweise formulierte, deckt sich mit der Auffassung weiter Teile der Bevölke-

rung, die in der Republik eine von den Siegermächten auf-
gezwungene Staatsform sahen. Mit der Abschaffung der
Monarchie waren deren ideologische Implikationen nicht
abgetan, was Themen wie ›Idealismus‹ als spezifisch deutscher Charakterzug, völkische Erneuerung, Demokratisierung und allgemeine Wehrpflicht bezeugen:

»Die ursprüngliche deutsche Ideenwelt dagegen wurzelt
gleich derjenigen der uns verwandten Völker im Idealismus, der gegründet ist auf Gottverbundenheit und Gottergebenheit. [. . .]
Nur in Gottverbundenheit schafft der Mensch ewige Werte,
nur in Gottergebenheit lernt er die Grenzen seines Men-
schentums kennen, nur in gottverbundener Arbeit findet er
seinen Lebenszweck, und der Lebensgenuß ist ihm Folge
und Frucht der Arbeit. Nur in der Volksgemeinschaft kann
sich solche Arbeit auswirken. An Stelle der Gleichheit tritt
Selbstbescheidung, an Stelle schrankenloser Freiheit der Begriff freiwilliger Bindung. Bismarck hat dem Gedanken
der Gottverbundenheit einst ergreifenden Ausdruck verliehen, indem er die Worte prägte: ›Der Staatsmann kann
nie selber etwas schaffen, er kann nur abwarten und lau-
schen, bis er die Schritte Gottes durch die Ereignisse hallen
hört; dann vorspringen und den Zipfel seines Gewandes
fassen, das ist alles.‹
Auf solchem Boden erwuchs die germanische Kultur, die
stets Ursprünglich-Organisches und deshalb Göttliches war.
Materialismus schafft hohe Zivilisation neben tiefer Un-
kultur. Das uralte Märchen vom Turmbau zu Babel weist
nicht nur in die Vergangenheit, sondern auch in die Zukunft. [. . .]
Der Kampf zwischen dem atlantischen Materialismus und
dem germanisch-europäischen Idealismus drückt meiner
Überzeugung nach der Gegenwart den Stempel auf. Sein
Brennpunkt liegt in Mitteleuropa. Deutschland auf der
einen, Frankreich auf der anderen Seite sind seine ausge-
sprochensten, aber nicht seine einzigsten Exponenten. In
einer amerikanischen Zeitschrift las ich kürzlich die be-
zeichnenden Worte, daß Deutschland noch stets der Hüter
der weißen Rasse gewesen sei und ›die weiße Brust der
weißen Welt rein erhalten habe‹. Das ist auch meine Überzeugung, und das sollten sich alle Völker, die den lebendi-

gen Quell einer Verjüngung und damit die Behauptung der weißen Rasse nicht verschütten wollen, immer vor Augen halten. [. . .]

In Deutschland wächst heute eine völkische Bewegung kraftvoll empor. Ich betrachte sie als eine Reaktionserscheinung nicht allein gegen die Bedrückung unseres Vaterlandes durch den Imperialismus unserer Kriegsgegner, sondern als Protest gegen die gesamte Ideenwelt des westlerischen Materialismus. Gelingt es dieser Bewegung, sich durch die Negation, die das Primäre in jeder Reaktionserscheinung ist, zu einem klaren, zielbewußten positiven Idealismus hindurchzuringen, dann wird sie dem deutschen Volke und damit dem ganzen östlichen Kulturkreise denselben Dienst leisten, den einst der klassische Idealismus den deutschen Stämmen geleistet hat. Auch die Vorgänge in Italien und Spanien deuten auf eine entschiedene Abkehr vom Materialismus, ein Zeichen, wie stark sich der germanische Einschlag im Blute dieser Völker regt. [. . .]

Die sogenannte Demokratisierung der Gesellschaft trägt nur insofern einen berechtigten Gedanken in sich, als Standesunterschiede nicht zu Überheblichkeiten und Vorurteilen zugespitzt werden sollen. Alles menschliche Zusammenleben beruht nicht auf Gleichheit, sondern auf natürlicher Ungleichheit. Je ausgeprägter die Kultur eines Volkes ist, um so stärker wird die Differenzierung sein. Eine künstliche Ausschaltung dieser Differenzierung muß naturgemäß zu einer Nivellierung führen, die den Tod der Persönlichkeit und damit Kulturverfall bedeutet. Die Masse, und wenn man sie noch so intensiv zu bilden sucht, wird immer rückständig sein. Jeder Fortschritt – auch der Fortschritt in der politischen Kultur – ist abhängig von dem Vorhandensein einer tragenden und führenden Oberschicht. Versagt sich ein Volk dieser Erkenntnis, dann gerät es in die Abhängigkeit von internationalen Wirtschaftsmächten, die unter dem Deckmantel demokratischer Phrasen eine moderne Sklaverei betreiben.

Die Vernichtung des Mittelstandes in Deutschland läßt mich befürchten, daß Deutschland diesem Stadium sehr nahe ist. Wohin die Proletarisierung eines Volkes führt, zeigt die Entwicklung der bolschewistischen Revolution in Rußland. Was ist schließlich von all den schönen kommunistischen Utopien übriggeblieben? Massenmord, Vernichtung aller zivilisatorischen Werte, Zerstörung der Produktionsfähigkeit und die Gewaltherrschaft einer Clique, die mit den grausigsten Zwangsmitteln aufrechterhalten wird.

Für die naturgegebene Differenzierung eines Volkes gibt es nur einen Ausgleich: die Gemeinsamkeit christlicher Sittlichkeit, die Gemeinsamkeit der nationalen und staatlichen Pflichten, die ihr Korrelat findet im suum cuique der preußischen Könige. [...]

In der allgemeinen Wehrpflicht hatten wir einst die große Schule für die Erzeugung solcher Pflichtgesinnung, die Pflanzstätte des völkischen Stolzes, durch die Erfüllung der Pflicht Volk und Staat verbunden zu sein. Des ›Königs Rock‹ war der Rock des ›ersten Dieners des Staates‹. Darin lag seine so oft verkannte symbolische Bedeutung.

Die Wehrhaftigkeit eines Volkes ist das Primäre jeder nationalstaatlichen Bildung, die in der Welt, wo ›hart im Raume sich die Sachen stoßen‹, erkämpft und in stetem, wenn auch zeitweise latentem Kampf erhalten werden muß. Wehrhaftigkeit bedeutet erst in zweiter Linie technisches Können, bedeutet vor allem Willensbildung. Bei unseren Kriegsgegnern, ja man kann sagen, in der ganzen Welt, hat der Ausgang des Krieges die willensmäßige Wehrhaftigkeit neben der technischen gewaltig gesteigert. Nur im deutschen Volk erklingt der Ruf: ›Nie wieder Krieg!‹ Unsere Gegner hören diese Stimme nationaler Weichheit und fordern von unserem betörten Volke eine ›Abrüstung der Geister‹. Wie wir am 9. November unsere technische Rüstung wegwarfen, um einen billigen Frieden zu erhandeln, so sollen wir uns jetzt des geistigen Rüstzeugs begeben, um damit die Gnade unserer Bedrücker zu erkaufen. Es ist die höchste Zeit, daß das deutsche Volk, durch harte Tatsachen belehrt, seine pazifistischen Illusionen beiseite stellt. Der Völkerverkehr beruht ebenso wie der Verkehr der Einzelmenschen auf Gleichwertigkeit und auf Achtung vor dieser Gleichwertigkeit. Völker, die nicht wehrhaft sind, sind niemals vollwertig. Sie verlieren die Kraft zu nationalem Bestand und damit das Recht darauf.«

(Alfred Niemann: Wanderungen mit Kaiser Wilhelm II. Leipzig: Koehler 1924. S. 110 bis 112, 118 f., 122 f.)

Erich K ä s t n e r (1899–1974):

    Kennst Du das Land, wo die Kanonen blühen?

    Kennst Du das Land, wo die Kanonen blühn?
    Du kennst es nicht? Du wirst es kennenlernen!
    Dort stehn die Prokuristen stolz und kühn
    in den Bureaus, als wären es Kasernen.

    Dort wachsen unterm Schlips Gefreitenknöpfe.
    Und unsichtbare Helme trägt man dort.
    Gesichter hat man dort, doch keine Köpfe.
    Und wer zu Bett geht, pflanzt sich auch schon fort!

    Wenn dort ein Vorgesetzter etwas will
    – und es ist sein Beruf etwas zu wollen –
    steht der Verstand erst stramm und zweitens still.
    Die Augen rechts! Und mit dem Rückgrat rollen!

    Die Kinder kommen dort mit kleinen Sporen
    und mit gezognem Scheitel auf die Welt.
    Dort wird man nicht als Zivilist geboren.
    Dort wird befördert, wer die Schnauze hält.

    Kennst Du das Land? Es könnte glücklich sein.
    Es könnte glücklich sein und glücklich machen!
    Dort gibt es Äcker, Kohle, Stahl und Stein
    und Fleiß und Kraft und andre schöne Sachen.

    Selbst Geist und Güte gibt's dort dann und wann!
    Und wahres Heldentum. Doch nicht bei vielen.
    Dort steckt ein Kind in jedem zweiten Mann.
    Das will mit Bleisoldaten spielen.

    Dort reift die Freiheit nicht. Dort bleibt sie grün.
    Was man auch baut – es werden stets Kasernen.
    Kennst Du das Land, wo die Kanonen blühn?
    Du kennst es nicht? Du wirst es kennenlernen!

(Kästner: Gesammelte Schriften. 1. Bd. Ge-
dichte. Zürich: Atrium; Berlin: Dreßler; Köln:
Kiepenheuer & Witsch 1959. S. 56. Aus: Herz
auf Taille. © Atrium Verlag, Zürich)

Heinrich H e i n e (1797–1856), der aus politischen Gründen im Exil in Paris leben mußte, schreibt nach einer Reise

durch Deutschland (1843) den satirischen Reisebericht
»Deutschland. Ein Wintermärchen«:

> Zu Aachen langweilen sich auf der Straß'
> Die Hunde, sie flehn untertänig:
> »Gib uns einen Fußtritt, o Fremdling, das wird
> Vielleicht uns zerstreuen ein wenig.«
>
> Ich bin in diesem langweil'gen Nest
> Ein Stündchen herumgeschlendert.
> Sah wieder preußisches Militär,
> Hat sich nicht sehr verändert.
>
> Es sind die grauen Mäntel noch
> Mit den hohen, roten Kragen –
> (Das Rot bedeutet Franzosenblut,
> Sang Körner in früheren Tagen.)
>
> Noch immer das hölzern pedantische Volk,
> Noch immer ein rechter Winkel
> In jeder Bewegung, und im Gesicht
> Der eingefrorene Dünkel.
>
> Sie stelzen noch immer so steif herum,
> So kerzengrade geschniegelt,
> Als hätten sie verschluckt den Stock,
> Womit man sie einst geprügelt.
>
> Ja, ganz verschwand die Fuchtel nie,
> Sie tragen sie jetzt im Innern;
> Das trauliche Du wird immer noch
> An das alte Er erinnern.
>
> Der lange Schnurrbart ist eigentlich nur
> Des Zopftums neuere Phase:
> Der Zopf, der ehmals hinten hing,
> Der hängt jetzt unter der Nase.
>
> Nicht übel gefiel mir das neue Kostüm
> Der Reuter, das muß ich loben,
> Besonders die Pickelhaube, den Helm
> Mit der stählernen Spitze nach oben.
>
> Das ist so rittertümlich und mahnt
> An der Vorzeit holde Romantik,

An die Burgfrau Johanna von Montfaucon,
An den Freiherrn Fouqué, Uhland, Tieck.

Das mahnt an das Mittelalter so schön,
An Edelknechte und Knappen,
Die in dem Herzen getragen die Treu'
Und auf dem Hintern ein Wappen.

Das mahnt an Kreuzzug und Turnei,
An Minne und frommes Dienen,
An die ungedruckte Glaubenszeit,
Wo noch keine Zeitung erschienen.

Ja, ja, der Helm gefällt mir, er zeugt
Vom allerhöchsten Witze!
Ein königlicher Einfall war's!
Es fehlt nicht die Pointe, die Spitze!

Nur fürcht ich, wenn ein Gewitter entsteht,
Zieht leicht so eine Spitze
Herab auf euer romantisches Haupt
Des Himmels modernste Blitze!

(Heine: Deutschland. Ein Wintermärchen.
Stuttgart: Reclam o. J. Universal-Bibliothek Nr. 2253. S. 11 f.)

Max H o r k h e i m e r (1895–1973), Philosoph und Sozio-
loge, Begründer der ›Kritischen Theorie‹ der Gesellschaft
(›Frankfurter Schule‹), analysiert in seinen nachgelassenen
»Notizen 1950 bis 1969« die jüngere deutsche Geschichte:

»*Zu spät.* – Seit mehr als hundert Jahren steht die deutsche
Politik unter dem Zeichen ›zu spät‹. Das Schlagwort der
Einigung, das die Ereignisse noch am Ende als Ruf nach
der Wiedervereinigung begleitet, als ob die bisherigen Erfahrungen nicht alle Europäer von solcher Wiederholung
abschrecken müßten, hat schon der mißglückten 48er Revolution gedient, als Holland, England, Frankreich längst ge-
einigt waren. Die echte Neuerung, die Preußen-Deutsch-
land in die Welt brachte, als es kurz nach Italien durch eine
Serie von Kriegen rufen konnte: ›Es ist erreicht‹, war das
Wettrüsten als Kennzeichen der Beziehungen zwischen den
Nationen, die Kürassierhelme von Kanzler und Kaiser, der
Kaiser als Feldherr, aber nicht wie einst Napoleon Bona-

parte, weil er von Strategie mehr als andere verstand, sondern um den Ruhm rasch nachzuholen. Zu spät kamen
Flotte und Kolonialismus, zu spät die ruhmlose Revolte
nach dem vom Zaun gebrochenen Weltkrieg Nummer Eins.
Der Nationalsozialismus kann historisch ein Vorbild bedeuten. Obgleich er dem Beispiel des Faschismus im geschichtlich verwandten Neuitalien folgte, mag er dem
künftigen Frankreich, ja dem balkanisierten europäischen
Kontinent voranleuchten, dessen Länder sich desto autori-
tärer verstehen müssen, je mehr die Kräfte im Osten auf
allen Gebieten wachsen und die Vereinigten Staaten sich
mit Rußland verständigen und selber gegebenenfalls sich
wehren müssen. Zu spät aber kam er in doppeltem Sinn. Er
wollte mit Gewaltmitteln, wie heute die zurückgebliebenen
Länder, die Proletariernationen, wie Hitler sagte, Amerika
einholen, die gigantischen Fabriken, die neuen Städte, die
Autostraßen, das Teamwork, die Skrupellosigkeit der alten
Magnaten. Zum anderen und in einem damit ward durch
ihn nachgeholt, was es auch anderswo seit langem gab, die
bürgerliche Gesellschaft ohne Junkertum und radikale
Arbeiterbewegungen, der Eingriff des Staates in die Öko-
nomie. Der völkische Rausch sollte der Rationalisierung,
dem wirtschaftlichen Erfolg und der Weltmacht zugute
kommen. Roosevelt konnte die Krise mit dem New Deal
bekämpfen, die deutsche Bourgeoisie hatte es mit Traditionen und Kommunisten zu tun, und dies war das social and
cultural lag, das die letzte Karikatur der bürgerlichen Revolution, das Aufräumen im 20. Jahrhundert zum Abbild
der Hölle werden ließ. Die Gegenwart bedeutet die Ein-
übung der auferlegten Demokratie, während sie historisch
schon verurteilt ist.«

(Horkheimer: Notizen 1950 bis 1969 und
Dämmerung. Hrsg. von Werner Brede.
Frankfurt a. M.: S. Fischer 1974. S. 119 f.)

Wie lebendig Wilhelm Voigts Tat noch im Bewußtsein der
Nachgeborenen ist, zeigt ein »Streiflicht« (die tägliche
Glosse auf S. 1) der »Süddeutschen Zeitung«:

»›Darüber lacht ganz Deutschland‹ – unter dieser einmütig
gewählten Vorschlagzeile konnten unsere Boulevardblätter
hochbeglückt soeben den Knüller der Saison verkaufen: die
fast unglaubliche, aber wahre Geschichte von dem Heil-

bronner Ehemann, der sieben Jahre lang die Antibabypille
nahm und seiner Frau in dieser Zeit zu sechs gesunden
Kindern verhalf. Niemand hatte ihm gesagt, daß die Pille
viel sicherer wirkt, wenn sie von der Partnerin eingenom-
men wird. Während das Gelächter in der aufgeklärten Bevölkerung langsam verebbt, fragen wir uns, wie lange es
wohl her sein mag, daß Deutschland ähnlich kollektiv etwas
zu lachen hatte. Da stoßen wir nun unweigerlich auf den
Schuster Wilhelm Voigt, der an einem milden Oktobertag
des Jahres 1906 als preußischer Hauptmann verkleidet
einen Leutnant und zehn Mann unter sein Kommando
stellte, im Rathaus von Berlin-Köpenick den Bürgermeister
verhaftete und mit der Stadtkasse verschwand.

Damals also lachte auch ganz Deutschland über einen
Mann, doch zugleich lachte die ganze Welt über Deutschland. Ein solcher Streich war nur dort möglich, wo blinder
militärischer Gehorsam vor einem Uniformträger zum Drill
des Soldaten gehörte. Seine Majestät Wilhelm Zwo soll auf
das preußische Stückchen seines kriminellen Namensvetters
sogar noch stolz gewesen sein und gesagt haben: ›Das
macht uns so schnell keiner nach!‹ Der helle, aber arme
und von den Behörden herumgestoßene Schuster Voigt, den
Carl Zuckmayer in seinem ›Hauptmann von Köpenick‹
unsterblich machte, wurde nach der Haftzeit ins Ausland
abgeschoben und starb 1922 in Luxemburg. Die Stadt öff-
nete ihm ein Armengrab, das jetzt endgültig verfallen wäre,
hätten sich nicht tausend helfende Hände zu seiner Erhaltung gerührt. Am rührigsten war Gustav Schwabe, Abgeordneter im Europäischen Parlament, der bei seiner Kollegin
Colette Flesch, der Bürgermeisterin von Luxemburg, nunmehr die unbegrenzte Verlängerung des Grabrechts für den
Schuster erreichte.

125 Jahre nach seiner Geburt wird ein Mann geehrt, der
sich die Offizierswürde beim Kleidertrödler ausborgte und
mit der preußisch-deutschen Militärräson konsequent
Schlitten fuhr. Eine Gruppe europäischer Abgeordneter
legte vorgestern einen Kranz an Voigts Grab nieder, das
demnächst auch noch eine Statue des Anti-Helden zieren
soll. Die Spenden dafür fließen offenbar reichlich; sie kommen von so unterschiedlichen Körperschaften wie dem Berliner Senat und den Kölner Karnevalsvereinen, von un-
genannten Bankdirektoren und solidarischen Schuhmachern.

Ob die Bundeswehr noch mit sich ringt, etwas für den
Schuster zu berappen, ist nicht bekannt. Auch vom Hause
Hohenzollern liegt bislang keine Reaktion vor. Hingegen
sind Carl Zuckmayer und Heinz Rühmann, der Film-
Voigt, von der Aktion unterrichtet und sicher mit von der
Partie. So entsteht auf dem Luxemburger Friedhof Deutsch-
lands einzige ›Nationale Gedenkstätte‹, an der offen ge-
lacht werden darf.«

(Süddeutsche Zeitung, München,
27./28. 9. 1975)

X. Literaturhinweise

1. Ausgaben

Der Hauptmann von Köpenick. Ein deutsches Märchen in drei Akten. Berlin: Propyläen Verlag, 1930. [Erstausg.]

Gesammelte Werke. Bd. 3: Dramen. Frankfurt a. M.: S. Fischer, 1960. S. 299–413.

Der Hauptmann von Köpenick. Ein deutsches Märchen in drei Akten. Frankfurt a. M.: Fischer Taschenbuch Verlag 1961 [u. ö.].

Gesammelte Werke in Einzelbänden. Hrsg. von Knut Beck und Maria Guttenbrunner-Zuckmayer. [Bd.:] Der Hauptmann von Köpenick. Theaterstücke 1929–1937. Frankfurt a. M.: S. Fischer, 1995.

2. Autobiographische Schriften und Essays

Pro Domo. Stockholm 1938.

Die Brüder Grimm. Ein deutscher Beitrag zur Humanität. Frankfurt a. M. 1948.

Die langen Wege. Ein Stück Rechenschaft. Frankfurt a. M. 1952.

Als wär's ein Stück von mir. Horen der Freundschaft. Frankfurt a. M. 1966.

Scholar zwischen gestern und morgen. In: Neue Rundschau 79 (1968) S. 1–15.

3. Bibliographische Hilfsmittel und Forschungsberichte

Jacobius, Arnold John: Carl Zuckmayer. Eine Bibliographie 1917–1971. Ab 1955 fortgeführt und auf den jüngsten Stand gebracht von Harro Kieser. Frankfurt a. M. 1971.

Vandenrath, J.: Der Stand der Zuckmayerforschung. Beitrag zu einer kritischen Bibliographie. In: Modern Language Notes 76 (1961) S. 829–839.

Mews, Siegfried: Die Zuckmayerforschung der sechziger Jahre. In: Modern Language Notes 87 (1972) S. 465–493.

Albrecht, Richard (Hrsg.): Facetten der internationalen Carl-Zuckmayer-Forschung: Beiträge zu Leben – Werk – Praxis. Mainz 1997.

4. Literatur über Zuckmayer und weiterführende Literatur

Adling, Wilfried: Die Entwicklung des Dramatikers Zuckmayer. Berlin 1959. (Schriften zur Theaterwissenschaft. Hrsg. von der Theaterhochschule Leipzig. Bd. 1.) S. 9–288. [Zit. als: Adling.]

Adorno, Theodor W.: Jene zwanziger Jahre. In: Th. W. A.: Eingriffe. Neun kritische Modelle. Frankfurt a. M. 1963. S. 59–68.

Ayck, Thomas: Carl Zuckmayer in Selbstzeugnissen und Bilddokumenten. Reinbek bei Hamburg 1977.

Basil, Otto: Umriß von Carl Zuckmayer. In: Wort in der Zeit 6 (1960) S. 11–19.

Bienek, Horst: Carl Zuckmayer. In: H. B.: Werkstattgespräche mit Schriftstellern. München 1962. S. 164–178.

Böhme, Helmut: Prolegomena zu einer Sozial- und Wirtschaftsgeschichte Deutschlands im 19. und 20. Jahrhundert. Frankfurt a. M. 1972.

Dimter, Walter: Carl Zuckmayers »Der Hauptmann von Köpenick«. In: Interpretationen. Dramen des 20. Jahrhunderts. Bd. 1. Stuttgart 1996. S. 345–372.

Elsner, Richard (Hrsg.): Das deutsche Drama in Geschichte und Gegenwart 3 (1931). [S. 265–268: Zusammenstellung von Rezensionen zur Uraufführung des »Hauptmanns von Köpenick«.]

Engelsing-Malek, Ingeborg: ›Amor fati‹ in Zuckmayers Dramen. Berkeley/Konstanz 1960.

Frizen, Werner: Carl Zuckmayer. Der Hauptmann von Köpenick. Interpretation. München 2000. (Oldenbourg-Interpretationen. 29.)

Fülle der Zeit. Carl Zuckmayer und sein Werk. Für Carl Zuckmayer zum 27. Dezember 1956. Frankfurt a. M. 1956. [Mit Beiträgen von Nino Ernée, Alfred Happ, Theodor Heuss, Siegfried Melchinger, Luise Rinser, Paul Friedrich Weber u. a.]

Gehrke, Hans: Carl Zuckmayer. Der Hauptmann von Köpenick. Interpretation und Materialien. 3., überarb. Aufl. Hollfeld 1998. (Analysen und Reflexionen. 50.)

Glade, Henry: Carl Zuckmayer's Theory of Aesthetics. In: Monatshefte für deutschen Unterricht, deutsche Sprache und Literatur 52 (1960) S. 163–170.

Glocksin, Bernhard: »Der Hauptmann von Köpenick« – eine Operette für Schauspieler? Undisziplinierte Anmerkungen aus der Sicht des Theaters. In: Zuckmayer-Jahrbuch 1 (1998) S. 161–171.

Greiner, Martin: Carl Zuckmayer als Volksdichter. In: Jürgen Hein

(Hrsg.): Theater und Gesellschaft. Das Volksstück im 19. und
20. Jahrhundert. Düsseldorf 1973. S. 161–173.

Grenville, Anthony: Authoritarianism subverting democracy. The
politics of Carl Zuckmayer's »Der Hauptmann von Köpenick«.
In: The Modern Language Review 91 (1996) S. 635–646.

Heidelmeyer, Wolfgang (Hrsg.): Der Fall Köpenick. Akten und
zeitgenössische Dokumente zur Historie einer preußischen Mori-
tat. Frankfurt a. M. / Hamburg 1968. [Zit. als: Heidelmeyer.]

Hensel, Georg: Der geschmähte ›Hauptmann von Köpenick‹. In:
Theater heute 6 (1965) H. 1. S. 40 f.

Hintze, Joachim: Volkstümliche Elemente im modernen deutschen
Drama. Ein Beitrag zur Theorie und Praxis des Volksstückes im
20. Jahrhundert. In: Hessische Blätter für Volkskunde 61 (1970)
S. 11–45.

Hyan, Hans: Der Hauptmann von Köpenick. Eine schaurig-trau-
rige Geschichte vom beschränkten Untertanenverstand. Berlin
1906.

Jacobius, Arnold John: Motive und Dramaturgie im Schauspiel Carl
Zuckmayers. Versuch einer Deutung im Rahmen des zwischen
1920 und 1955 entstandenen Gesamtwerkes. Frankfurt a. M.
1971. [Zit. als: Jacobius.]

Kändler, Klaus: Drama und Klassenkampf. Beziehungen zwischen
Epochenproblematik und dramatischem Konflikt in der sozialistischen Dramatik der Weimarer Republik. Berlin/Weimar 1974.

Kesting, Marianne: Carl Zuckmayer – zwischen Volksstück und
Kolportage. In: M. K.: Panorama des zeitgenössischen Theaters.
58 literarische Porträts. München 1969. S. 278–283.

Koester, Rudolf: The Ascent of the Criminal in German Comedy.
In: The German Quarterly 43 (1970) S. 376–393.

Koselleck, Reinhart: Preußen zwischen Reform und Revolution,
1786–1848. Stuttgart 1967.

Lange, Rudolf: Carl Zuckmayer. Velber 1969. (Friedrichs Dramatiker des Welttheaters. 33.)

Löschburg, Winfried: Ohne Glanz und Gloria. Die Geschichte des
»Hauptmanns von Köpenick«. Berlin 1998.

Loram, Ian C.: Carl Zuckmayer. An Introduction. In: The German
Quarterly 27 (1954) S. 137–149.

Luft, Friedrich: Carl Zuckmayer, ›Der Hauptmann von Köpenick‹.
In: F. L.: Stimme der Kritik. Berliner Theater seit 1945. Velber
³1965. S. 379–381.

Meinherz, Paul: Carl Zuckmayer. Sein Weg zu einem modernen
Schauspiel. Bern 1960.

Mews, Siegfried: Zuckmayer. Der Hauptmann von Köpenick. Frankfurt a. M. / Berlin / München 1972. (Grundlagen und Gedanken zum Verständnis des Dramas.)

Mommsen, Wolfgang J.: Das Zeitalter des Imperialismus. Frankfurt a. M. 1969. (Fischer Weltgeschichte. 28.)

Nickel, Gunther / Weiss, Ulrike (Hrsg.): Carl Zuckmayer 1896–1977. »Ich wollte nur Theater machen«. Ausstellungskatalog. Marbach 1996. (Marbacher Kataloge. 49.)

Paulsen, Wolfgang: Carl Zuckmayer. In: Otto Mann / Wolfgang Rothe (Hrsg.): Deutsche Literatur im 20. Jahrhundert. Strukturen und Gestalten. Bd. 2. Bern/München ⁵1967. S. 332–361.

Polgar, Alfred: Der Hauptmann von Köpenick. In: A. P.: Ja und Nein. Hrsg. von Wolfgang Drews. Hamburg 1956. S. 331–334.

Prause, Gerhard: Der wenig bekannte zweite Teil der Köpenickiade. In: G. P.: Niemand hat Kolumbus ausgelacht. Frankfurt a. M. / Hamburg 1969. S. 169–188.

Reindl, Ludwig Emanuel: Zuckmayer. Eine Bildbiographie. München 1962.

Riegel, Paul: Carl Zuckmayer. Der Hauptmann von Köpenick. In: Ludwig Büttner (Hrsg.): Europäische Dramen von Ibsen bis Zuckmayer. 3. Aufl. Frankfurt a. M. / Berlin / Bonn, [o. J.]. S. 195–208.

Rilla, Paul: Zuckmayer und die Uniform – Der Hauptmann von Köpenick. In: P. R.: Literatur. Kritik und Polemik. Berlin 1950. S. 7–10.

Ritter, Gerhard A. / Kocka, Jürgen: Deutsche Sozialgeschichte. Dokumente und Skizzen. Bd. 2: 1870–1914. München 1974.

Rooke, Sheila: Carl Zuckmayer. In: Alex Natan (Hrsg.): German Men of Letters. Bd. 3. London 1964. S. 207–233.

Rosebrock, Theo: Erläuterungen zu Carl Zuckmayers »Der Hauptmann von Köpenick«. Hollfeld [o. J.].

Rotermund, Erwin: Zur Erneuerung des Volksstücks in der Weimarer Republik. In: Dieter Harmening (Hrsg.): Volkskultur und Geschichte. Festgabe für Josef Dünninger. Berlin 1970. S. 612–633.

Rühle, Günther: Theater für die Republik 1917–1933. Im Spiegel der Kritik. Frankfurt a. M. 1967. [S. 1076–86: Rezensionen zur Uraufführung des »Hauptmanns von Köpenick«. – Zit. als: Rühle.]

Speidel, E.: The Stage as Metaphysical Institution: Zuckmayer's Dramas ›Schinderhannes‹ and ›Der Hauptmann von Köpenick‹. In: The Modern Language Review 63 (1968) S. 425–436.

Strasser, Christian: Carl Zuckmayer. Deutscher Künstler im Salzburger Exil 1933–1938. Wien [u. a.] 1996.

Sudhof, Siegfried: Carl Zuckmayer. In: Benno von Wiese (Hrsg.): Deutsche Dichter der Gegenwart. Berlin 1973. S. 64–82.

Teelen, Wolfgang: Die Gestaltungsgesetze in Carl Zuckmayers Bühnendichtung. Diss. Marburg 1951.

Vandenrath, J.: Drama und Theater in Carl Zuckmayers Bühnendichtung. Diss. (masch.) Liège 1960.

Venohr, Wolfgang (Hrsg.): Preußische Porträts. Hamburg 1969.

Wagener, Hans: Carl Zuckmayer criticism. Tracing endangered fame. Columbia 1995.

Wehler, Hans Ulrich: Das Deutsche Kaiserreich 1871–1918. Göttingen 1973. (Deutsche Geschichte. Hrsg. von Joachim Leuschner. 9.)

– (Hrsg.): Imperialismus. Köln/Berlin 1972.

Werner, Sibylle: Der Hauptmann von Köpenick. Wirklichkeit und Dichtung am Beispiel des Dramas von Carl Zuckmayer. M. A. These University of Maryland 1954. [Masch.]

Inhalt

Erläuterungen und Dokumente

Philipp Reclam jun. Stuttgart